中田重治とその時代

――今日への継承・教訓・警告――

中村 敏［著］

いのちのことば社

はじめに

なぜこのテーマに取り組むか？

中田重治は、戦前日本ホーリネス教会（以下、ホーリネス教会）の監督として群れを指導しただけでなく、純福音派（聖潔派）の指導者として大きく活躍した。日本のプロテスタント教会は、その宣教の初期から今日まで、基本的に都市中心型、知識人やホワイト・カラー中心の教養宗教ないし倫理宗教という性格を色濃く持っている。

確かに近代日本の思想・文化・教育・福祉等の諸分野で、キリスト者は大きな貢献をしてきた。しかし依然として、プロテスタントのクリスチャン人口そのものは人口比〇・五％以下の少数者の宗教にとどまっている（カトリック教会、東方教会を含めても〇・八％以下である）。

そうした中でホーリネス教会は、中田重治のビジョンと指導のもとに最初から一般大衆を対象とした宣教を行い、大正期と昭和初期の二回のリバイバル（信仰復興）を経て、最盛時には二万名近くの信徒を擁する教会にまで成長した。その点において、今日の私たちが学ぶべきものが多くある。ちょうど今年（二〇一九年）は、大正期のリバイバル一〇〇周年にあたる記念すべき年である。

キリストの再臨を熱烈に待望する昭和初期のリバイバルの勢いの中で、「我らは少数であっても七千万同胞の運命は我らにかかっている」とか、「日本を背負って神に祈る者が欲しい」と豪語する彼のスピリットは、確かに行き過ぎであり、脱線を招いた。しかし、少数者コンプレックスに陥り、内向きになりやすい日本人キリスト者に対しては、大いなるチャレンジとも言える。

結局は、昭和初期のリバイバルの高揚の中で彼の再臨信仰が行き過ぎ、群れの分裂を招いた。戦時下においては、治安維持法により日本のプロテスタント教会史上最大の弾圧を受け、ホーリネス系三教会は解散させられた。戦後再建あるいは新設された旧ホーリネス系の教団ないし群れは、一一団体に及び、今日に至っている。

中田重治とホーリネス教会の歴史については、今まで多くの著作や資料が公にされている。『中田重治傳』（米田勇著、一九五九年）は、今なお彼についての優れた伝記である。また日本ホーリネス教団をはじめとする群れの関係者により、リバイバルや弾圧を中心に多くの貴重な文献が出版されている。特に日本ホーリネス教団歴史編纂委員会から出版された『ホーリネス信仰の形成――日本ホーリネス教団史　第一巻』は、広汎な資料検索に基づき、時代背景の考察を踏まえて執筆された貴重な歴史書であり、続編が大いに期待される。

本研究は、そうした先行研究を踏まえつつも、中田重治やこの群れに直接の関わりを持たない、外部の研究者の立場から考察し、時代背景をも含め、いわば「等身大の中田重治像」に迫ろうとするものである。そしてただ単に過去の歴史の叙述にとどまらず、今日との関わりを追究していくことを目指している。以下に、本研究の目指すポイントについて挙げてみる。

一　中田重治について

中田は戦前の純福音派（聖潔派または聖霊派とも呼称された）の一大指導者であり、戦後のホーリネス系諸教派だけではなく、福音派諸教会にも今なお無視できない感化を及ぼしている。現在旧ホーリネス教会の信仰を直接・間接受け継いでいる教団ないし群れは、次の団体である。

日本ホーリネス教団、基督兄弟団、基督聖協団、東洋宣教団きよめキリスト教会、ウェスレアン・ホーリネス教団、イムマヌエル綜合伝道団、日本基督教団ホーリネスの群、日本聖泉基督教会連合、日本福音教団、日本福音教会連合、日本宣教会の一一団体である。

一九五一年に、福音派の中でも聖化（聖潔）を強調する諸教団によって日本福音連盟が設立された。この団体は、一九六八年に日本福音同盟が設立されたときの中核的な創立会員となっている。現在の日本福音連盟の中に上記の一一団体のうち、六教団が加盟している。

二　リバイバルと分裂（本文では「分離」と呼称）の問題

昭和初期のリバイバルの最中に、中田監督が再臨信仰について行き過ぎて脱線し、群れの分裂に至った。このことは、現在の私たちに何を語っているのだろうか。「六十六巻の聖書は誤りなき神の言葉である」という聖書信仰の立場を主張しつつも、聖書の文脈を無視しての「字句拘泥《こうでい》主義」、ないし「こじつけ」や「読み込み」とも言うべき聖書の解釈を、時代の動きに恣意的《しいてき》に結びつけるとき起こり得る危険について考える。それは、いつの時代でも起こり得るし、聖書信仰を強調する今日のキリスト者の課題でもある。

三　ディスペンセーション主義とユダヤ人問題への関心

中田重治やホーリネス教会が、教理的に千年期前再臨説と結びついたディスペンセーション（天啓的史観）主義の立場を強調したとき、ユダヤ人問題へと大きく傾斜していき、ユダヤ人のための祈りと実際的な支援を熱烈に行うようになっていった。

なぜディスペンセーション主義の立場に立つと、ユダヤ人問題に傾斜し、ユダヤ人を強く擁護する立場になるのか。この点に関して中田やホーリネス教会に大きな影響を与えたW・ブラックストーンの役割を考察する。そして、今日のアメリカの福音派やクリスチャン・シオニストが、トランプ政権のイスラエル共和国擁護の政策を強力に支持することとの関連性を考察する。

四　日猶《にちゆ》同祖論との関連

中田重治が再臨信仰を強調し、脱線していった思想的背景に、日猶同祖論がある。戦前だけでなく、今日も日猶同祖論を唱える人々は存在し、多くの著作が出版されている。本書では、佐伯好郎、小谷部《おやべ》全一郎、酒井勝軍《かつとき》等の著作や研究が中田重治にどのような影響を与えたかを考察する。

日猶同祖論は、日本の思想史や精神史の分野では、いわゆる「偽史言説」として扱われる。なぜ人々がこうした主張にひかれるのかについても考察する。そして、「Post-Truth（真実の後）」の時代と言われる今日、世界中に見られ、世論や政治を動かしているフェイク（偽）・ニュースとの関わりを考察する。

五　戦前における治安維持法による弾圧と現在の共謀罪法

もともと共産主義者への弾圧立法であった治安維持法は、二度にわたって改定され、適用範囲が拡大されていった。この改定された治安維持法によって、ホーリネス系教会や諸宗教団体も弾圧された。この歴史的経緯を考察し、現代の治安維持法とも言うべき共謀罪法（正式名称は組織犯罪処罰法）との関連を考える。

六　中田重治と日本的な精神構造

中田重治はホーリネス教会の監督として、「独裁者」とも言うべき絶対的な統率力を保持していた。ホーリネス教会の分裂後も、中田重治に従った人々は少なくなかった。中田重治を支持した人々は、彼を終身監督として全面的に従っていった。そこには、信仰的な要素だけでなく、日本的な精神構造が顕著に見られる。指導者や大勢と異なる主張への同調圧力、親分・子分の人間関係、タテ社会の精神構造、滅私奉公を美徳とするあり方等、天皇制に結びつくこうした精神構造は、今日においても見られるものである。そしてそうした傾向は、カルト集団やマインド・コントロールに容易につながりうるものである。

本書において、第一部では中田重治の伝記とホーリネス教会の歴史を時代との関わりで描き出す。加えて、中田以後の弾圧事件の経緯とその原因を考察し、戦後の関係諸教会の歴史や交流も簡潔に取り上げる。

第二部では、日猶同祖論、ディスペンセーション主義や日本的な精神構造の問題を取り上げ、その歴史的、今日的関わりや教訓を論じていく。

《凡例》

・文中に引用した資料における、いわゆる不快語・差別語はそのまま記し、筆者による補足や説明は［　］で記した。

・読者の便宜を図り、引用文献中の旧漢字は適宜常用漢字に改め、難解な漢字にはフリガナをつけ、旧仮名遣いはそのままとした。

・聖書については、引用文献中の文語訳等の引用はそのままとし、それ以外は『新改訳　２０１７』を用いた。

目次

第一部　中田重治と日本ホーリネス教会の歩み

第一章　日本ホーリネス教会とは？

1　日本のプロテスタント・キリスト教会史における日本ホーリネス教会の位置づけ

日本におけるプロテスタント宣教の始まりは、一八五九（安政六）年とするのが定説である。それに先立つ一八四六年、日猶同祖論に動機づけられたB・ベッテルハイムによる八年間の琉球伝道があるが、当時はキリスト教禁教下であり、教会形成には至らなかった。イギリス国籍を持つユダヤ人である彼の琉球伝道については、拙著『日本キリスト教宣教史』の第一章「プロテスタント宣教の開始」を参照していただきたい。[*1]

一八五八年に日米修好通商条約が結ばれ、外国人の住む居留地内で教会堂を建設し、礼拝をすることが認められた。日本人への伝道はまだ禁止されていたものの、これを日本におけるキリスト教伝道の布石とみなしたアメリカの宣教団が次々と宣教師を日本に派遣した。J・C・ヘボンやS・R・ブラウン、G・F・フルベッキ等の宣教師たちは、禁教下の日本において、日本語や日本文化、日本の生活習慣を学びつつ、英学の教授や医療活動等を通して福音の種蒔きを熱心に行った。

一八七三（明治六）年、明治政府によってキリスト教禁教の高札がようやく撤去され、黙認という形ではあったが、実質的に日本でのキリスト教宣教が認められた。これにより多くのプロテスタント教会の欧米の宣教団が来日し、日本宣教を競うように展開していった。

日本で初期に宣教した宣教師の多くは、一八四六年にロンドンで結成された福音同盟会（エバンジェリカル・アライアンス）に代表される、単純な聖書主義信仰と厳格なピューリタン主義の道徳倫理を実践していった。この福音同盟会は、聖書信仰に基づく教会の一致と信教の自由を目指す運動で、世界各地で初週祈禱会を推進した。一八七二（明治五）年に横浜で、日本最初のプロテスタント教会として誕生した日本基督公会は、その年の横浜における初週祈禱会の直接の実であり、初期の日本基督公会の信条には、福音同盟会の教理基準が採用された。[*2]

初期は、最初の教会である日本基督公会（通称は横浜公会）に代表されるように、「公会主義」と言われる、教派色を前面に出さない教会形成を目指した。しかし、高札撤去後に多くの宣教団が来日した結果、教派主義志向が強まった。[*3]

宣教師たちと彼らに育てられた日本人教職者たちは、都会を中心に日本全国に伝道戦線を広げ、教会形成を行っていった。そしてそれぞれの宣教団の支援のもとに教団を設立し、ミッションスクールを設立し、神学校を設立して自教派の教職養成を行った。

植村正久に代表される横浜バンドは後に日本基督教会を、海老名弾正、小崎弘道らに代表される熊本バンドは日本組合基督教会を形成し、本多庸一らに代表されるメソジスト教会（一九〇七年以後は日本メソヂスト教会）が日本におけるプロテスタント教会の三大教派を形成した。またＷ・Ｓ・クラークの感化のもとに生まれた札幌バンドの人々は、無教派主義の札幌独立教会を設立した。この札幌バンドに属する内村鑑三は、欧米のどの教派にも属さない、日本独自の無教会を形成していった。

幕末から明治初期の日本は、鎖国による遅れを取り戻し、西欧列強による植民地化を免れるため、「和魂洋才」に象徴される文明開化路線を取り、富国強兵策を強力に推進した。そのような中で、キリスト教は西欧文明歓迎の熱烈な風潮により、主に旧士族層や学生、後のホワイト・カラー層に受容されていった。

しかし明治期半ばにおいて、日本がその反動として天皇制国家主義政策を鮮明にしていくと、内村鑑三の不敬事件に象徴される逆風に遭遇する。天皇制に代表される国家体制や日本精神とキリスト教との相克は、その後も長く続くものであった。

そうした日本のプロテスタント教会に、明治半ば以降（一八九〇年代から一九〇〇年頃）に聖霊体験と結びつく「きよめ（聖潔）」を強調する、「きよめ派（聖潔派）」と呼ばれる信仰の流れが伝えられた。それはイギリスから来日したB・F・バックストンを中心としたものであり、その少し後に宣教を開始した中田重治やチャールズ、レティ・カウマン夫妻によるものであった。

2　日本ホーリネス教会の起源

日本ホーリネス教会は、一九〇一（明治三四）年三月、中田重治とアメリカ人宣教師カウマン夫妻によって、東京の神田で開始された宣教活動に起源がある。当初は「中央福音伝道館」と称し、教団形成を目指さず、あくまでも超教派の立場で熱心に伝道活動をしていた。その後「東洋宣教会」と称して、日本はもとより、中国や朝鮮を初めとする東洋まで宣教することを目指した宣教団体となった。さらにその後の一九一七年、「東洋宣教会ホーリネス教会（通称日本ホーリネス教会）」を組織し、教団形成をなしていった。

その信仰の特色としては、聖書をすべて誤りなき神の言葉と信ずる逐語霊感の立場に堅く立ち、「新生・聖化・神癒・再臨」の四重の福音を強調した。「新生」は、イエス・キリストの十字架の死が、自分の罪の身代わりであることを信じることによって、すべての罪が赦され、神の前に義と認められる体験である。二番目の「聖化」とは、新生に続くもので、信仰によって義とされた者が聖霊に満たされて潔められる体験を言い、「きよめの体験」とか「第二の転機」とも言われた。三番目の「神癒」は、神への信仰により、聖霊に満たされて病気が治るとの確信である。最後の「再臨」は、キリストの再臨を信じ、待ち望んで生きることである。

この四重の福音そのものは、クリスチャン・アンド・ミッショナリー・アライアンスを設立したアメリカ人のA・B・シンプソンが提唱したものである。シンプソンはキリストの福音をこの四つの点に力点をおいて理解し、単に教理的理解にとどまらず、その信仰を現実に生きることを大切にした。[*4] 彼は新しい教派を作ろうとしたのではなく、あくまで世界宣教のための協同運動を目指したのであった。この宣教団体は、十九世紀から二十世紀の信仰復興の高まりの中で、多くの宣教師を世界中に派遣し、日本にも宣教師が派遣され、西日本を中心に教会形成をしており、その結果生み出された教会が、日本協同基督教会（戦後は日本アライアンス教団）である。[*5]

中田重治とホーリネス教会は、基本的にこの四重の福音の信仰を受け継いだが、彼の活動した時代やその要請によって、少しずつ強調点が異なっており、一九三〇年代初期にはリバイバルに伴い、再臨信仰が熱烈に強調され、分裂の原因となった。

日本では、「ホーリネス（Holiness）」の語が「きよめ」とか「聖潔」と訳され、この信仰を強調する群れは、他の人々から「聖潔派」とか「きよめ派」とか「純福音派」とも呼ばれた。中田重治らが設立した日本ホーリネス教会だけではなく、日本協同基督教会や日本ナザレン教会、日本自由メソヂスト教会、日本伝道隊、救世軍、日本同盟基督協会、活水の群れ等もこのグループに加えられる。

戦前ホーリネス教会に代表されるこれらの聖潔派（ないし純福音派）は、いわゆる主流派の教派の人々からは、伝道熱心ではあるが「盲信」、「単純」、「極端」、「過激」などのレッテルを貼られ、否定的に評価されることが多かった。ホーリネス教会を近代日本における民衆キリスト教の視点から宗教学的に考察した池上良正は、次のように初期ホーリネス教会について考察している。

「初期ホーリネスのもとに集まった人たちの多くは、『思想の人』というより、『実践の人』であった。受容層が一部の旧士族層、知識階級や学生などに限定されがちだった近代日本のキリスト教界にあって、初期ホーリネスはこれらに収まりきれない幅をもっていた。多くの信徒たちの関心は、哲学や思想よりも祈りや癒しなどの実践であり、宣教の場でも単純で平明な言説が好まれた。[*6]」

非常に鋭い考察であり、こうした視点は本書においても基本的に共有できるものである。

注

1　中村敏『日本キリスト教宣教史――ザビエル以前から今日まで』いのちのことば社、二〇〇九年、一一一〜一一五頁
2　中村敏『日本における福音派の歴史』いのちのことば社、二〇〇〇年、二三〜二八頁
3　『日本キリスト教宣教史』一三一〜一三五、一五九頁
4　中村敏『世界宣教の歴史――エルサレムから地の果てまで』いのちのことば社、二〇〇六年、一四四、一四五頁
5　『日本における福音派の歴史』一〇六〜一一〇頁

6　池上良正『近代日本の民衆キリスト教——初期ホーリネスの宗教学的研究』東北大学出版会、二〇〇六年、一六～一七頁

第二章　中田重治の生い立ち、入信と学生時代（一八七〇～一八九一年）

1　その生い立ちとキリスト教への入信

中田重治は、一八七〇（明治三）年一〇月二七日青森県の弘前市に、津軽藩の足軽の家柄である中田家の三男として生まれた。時代は、二百六十五年の長きにわたる江戸時代が終わり、明治維新の幕開けという時であった。「大政奉還・王政復古」の掛け声と同時に、「文明開化・富国強兵」を旗印とする近代国家を目指しての日本の新時代の始まりの時であった。日本の時代のまさに一大転換期に、重治は誕生したのであった。

重治の父は兵作、母は千代。長兄が久吉、次兄が貞作、そして三男が重治の男だけの三人兄弟であった。父親の兵作は、重治が四歳になる前に病死したため、三人の子どもたちは母親の千代の手によって育てられた。後に重治はそのころを振り返り、「私は貧乏を知っています。父が早く世を去ったので、母は青物売りとなって私どもを育ててくれた。朝は早くから出かけて、日が暮れてからでなければ帰らない」と語っている。[*1] 少年時代の重治はかなりの暴れん坊として知られ、「鬼ん子」というあだ名がつけられていたとのことである。

こうした中田家がキリスト教と接するのは、長男の久吉がキリスト教精神を持つ東奥義塾に入り、キリスト教の教えにふれたことによる。東奥義塾は、一八七二（明治五）年に弘前市に設立された私立学校で、当初からアメリカ人宣教師が教師陣に加わり、弘前美以《みい》教会との協力関係も深く、本多庸一《ほんだよういつ》がその塾長を務めたことがあった。[*2]

かねてから重治の腕白ぶりに手を焼いていた千代は、彼を何とか良い子に育てようと願い、教会に連れて行った。そのようななかで、千代が信仰を持つに至った。彼女が入信するうえで、次男の貞作が十四歳で信仰を持ち、夭折《ようせつ》したことが大きな契機となっている。重治は『母の遺骨を携えて』という回想文の中で、「私の次兄貞作は一四歳の時キリストを信じて救われて永眠した。彼が私の母を導くようになったのである。彼の遺言によりて母が救わるるようになったのである」と語っている。[*3]千代は、弘前教会で珍田捨巳《ちんだすてみ》副牧師から洗礼を受けた。珍田は、弘前教会創立時に洗礼を受け、渡米してアズベリー大学で学び、後に外交官としても活躍した人物である。

母の影響もあり、重治も東奥義塾に学び、一八八八（明治二一）年六月、十七歳の時に弘前美以教会でG・ドレーパー宣教師から洗礼を受けた。弘前美以教会は一八七五年の創立当初は弘前基督公会と称したが、翌年アメリカ・メソジスト監督教会に入会し、弘前美以教会となった。教会創設に尽力し、後に執事や牧師として群れを指導した人物が本多庸一であった。本多は、重治が学んでいた東奥義塾の当時の塾長でもあり、重治の東京時代やその後も含め、恩師として彼に多大な感化を及ぼしている。

本多は、津軽藩士の家に生まれ、明治維新後横浜に留学中にJ・H・バラ宣教師に導かれて彼から洗礼を受けた、いわゆる横浜バンドの一員である。弘前で宣教・教育活動とともに、自由民権運動にも参加し、青森県会議員、議長も務めている。その後、仙台教会の牧師を経て、東京英和学校（後の青山学院）の校主に就任している。それからアメリカのドルー神学校に留学し、帰国後は長年にわたって東京英和学校の校長を務めている。

本多庸一

本多は、日本のメソジスト教会の指導者にとどまらず、明治期の日本のキリスト教会を代表する人物である。本多をはじめ、日本の初期のプロテスタント教会の指導者の多くが士族出身者、しかも旧幕府方出身者であったことはよく知られているとおりである。津軽藩も幕末の抗争においては幕府方につき、藩出身者の多くは明治維新において立身出世の道は閉ざされていた。

そうした旧幕府方出身の士族の中で、新しい欧米の学問の学びに自らの生きる道を求め、英学を教える宣教師との出会いの中で信仰を持ち、教職者に献身した若者は少なくなかった。戦前のキリスト者の歴史家である山路《やまじ》愛山《あいざん》の有名な言葉は、よく知られている。

「試みに新信仰を告白したる当時の青年に就《つい》て其境遇を調査せよ。植村正久は幕人の子に非ずや。彼れは幕人の総てが受けたる戦敗者の苦痛を受けたるものなり。本多庸一は津軽人の子に非ずや。維新の時に於ける津軽の位地と其苦心とを知るものは誰れか彼れが得意ならざる境遇の人なるを疑ふものあらんや。[*4]」

この文章の後に、会津藩出身の井深梶之助、松山藩出身の押川方義《まさよし》が続いている。このように山路愛山は、四人の代表的なキリスト者の名をあげ、彼らが明治維新において不遇であった旧幕府方出身者であることを指摘している。

初期の信者、とりわけ教職者の中に旧幕府方の士族出身者が多かったことについて、『明治学院百年史』

は次のように指摘している。

「没落、分解の過程にあったとはいえ、かれら士族青年には、旧時代の指導者としての矜持《きょうじ》と誇りがなお残っていた。それゆえ、みずからが受けいれた信仰をもって、社会を教化せずにはいられないという使命感が、伝道者としての使命感に混存していたことも、認めざるをえないであろう。[*5]」

このような時代の指導者意識は、本多のような普通の士族出身者だけでなく、足軽という下級士族出身の重治にも当てはまるものと言えよう。

2　東京での神学生時代

一八八八（明治二一）年、重治は郷里弘前を去って、東京英和学校の校主になっていた本多を慕って上京し、同校に入学した。学費の持ち合わせがなかったので、弘前教会から預かった聖書を途中売り歩いて旅費を稼いで東京に来た。

この東京英和学校は、アメリカ・メソジスト監督教会（当時は日本美以教会と呼称）の設立した美會《みかい》神学校と耕教学舎とが一八八二年に合併してできたものである。[*6]東京英和学校は、合併後の一八八三年に東京の青山の現在地に三万坪という広大な土地を入手し、移転した。そして正式な校名を「東京英和学校」と改め、初代校長には、宣教師のR・マクレーが就任した。この学校は神学科および普通科からなり、学生の大半はキャンパス内の寄宿舎で生活した。今でこそ青山学院は、総合学園のミッションスクールとして知られているが、そのころはまだ小さな学校であった。

マクレー校長が帰国後、二代目の校長に就任したのが、一八九〇年にアメリカ留学から帰国したばかりの本多庸一であった。本多が校長に就任したころの日本のキリスト教界は、内村鑑三の不敬事件とその後の「教育と宗教の衝突」論争に象徴されるように、逆風と試練の時代であった。そうした困難な時期を本多の指導力によって乗り越え、東京英和学校はメソジスト教会の宣教と教職養成のために貢献していった。

東京英和学校は、重治が在学中の一八八九（明治二二）年に神学科を神学部と改め、神学部の中に英語神学科と邦語神学科を置いた。どちらも修業年限は三年であった。重治が籍を置いたのは、邦語神学科であった。教師陣は、校長の本多が説教学や牧会学を受け持った。そのほかの教師陣はほとんどがメソジスト教会の宣教師たちであった。なおもう一人の日本人教授として新約釈義や組織神学を受け持ったのが、山田寅之助であった。[*7] 彼は、後に重治が『焔の舌』を創刊したとき、共同発行人となってその活動を助けている。

重治が神学部を選んだのは、伝道者になるための学びをするためであった。しかし学生としての重治は勉学には熱心ではなく、むしろ柔術に励んだ。柔術に関しては連日道場に通い、初段の免許状を得たほど打ち込んだ。伝道者になるためには、体を鍛える必要があるとの持論から来るものであった。

しかしそれだけでなく、学校での神学の学びが彼の期待にそぐわなかったことも大きな理由であった。もともと日本のプロテスタント教会は、概して神学的自覚が薄く、初期の宣教師たちの信仰をそのまま受け継いで、単純な聖書主義の信仰に立っていた。特に一八四六年にロンドンで結成された福音同盟会（エバンジェリカル・アライアンス）の教理基準が広く受け入れられており、聖書の十全霊感の信仰理解に立つ教会が多かった。そうしたなかで、一八八〇年代に入って、ドイツやアメリカから自由主義神学やユニテリアン主義が入り込み、神学的に未成熟であった日本の教会に大きな影響を与えたのであった。特に同志社や組合教会にその影響が大きかった。信仰的にメソジストの立場であった東京英和学校にもその影響は及び、特に旧約聖書や組織神学を教えていたＪ・ノルトンが高等批評の立場だった。

弘前時代に宣教師Ｊ・イングを通して単純な聖書信仰を植えつけられた重治にとって、そのころ影響を持ち始めた高等批評的な聖書の学びは、信仰を冷却させるものと受けとめられた。このときの東京英和学校での学問偏重への疑問が、後に彼が聖書学校を設立した際の実際的な学びや伝道訓練重視の教育につながっていると言えよう。

しかし重治は、週末の教会奉仕には実に熱心に取り組んだ。当時重治の長兄の久吉が熊谷のメソジスト教会の牧師をしており、応援を求めてきた。重治は土曜日から月曜日の朝にかけ、片道約五〇キロある熊谷まで毎週徒歩で往復を通い、一生懸命兄の牧会を助けた。なお久吉は、神学校で学ぶことはなかったが、美以教会の牧師試験に及第し、日本の各地で牧会している。

そのような学校生活の中で結局、重治は、卒業を前にして成績不良として退学処分となった。教師の中には彼に同情する者もいたが、大方の教師には素行の評判が悪かったので、教師会で退学処分が大勢となった。裁決をゆだねられた本多校長は、彼を退学にしたものの、美以教会の伝道師として働けるよう、仮免状を出すことを約束してくれた。本多は重治を校長室に招いてこう語っている。

「中田君。君は退校処分にされることになったよ。余り試験の結果がよくないからね。然し、人間は学課試験に落第しても見捨てたものではない。神学校を出なくても牧師になれないわけではない。現に君の兄貴の久吉君は、神学校を出ないが牧師になっているからね。どうだ、みっちり実地に伝道して見たら。伝道の仮免許状は出して貰うことにしよう。どうだね」[*8]

恩師の温情あふれる取り扱いに重治は感激し、「よーし、卒業免状はもらわなくともほかの卒業者に負けないくらいにやってみせるぞ。今に見ているがいい」と奮起し、勇んで伝道戦線に出て行った。結局、重治は正式に卒業できず、当然ながら東京英和学校（青山学院）の卒業生名簿にその名前は載っていない。

注

1　米田勇編『中田重治全集　第六巻』中田重治全集刊行会、一九七五年、一三三頁
2　日本キリスト教歴史大事典編集委員会編『日本キリスト教歴史大事典』教文館、一九八八年、九一九頁
3　『中田重治全集　第七巻』四〇四頁
4　山路愛山『基督教評論・日本人民史』岩波書店、一九六六年、二五頁
5　明治学院百年史編集委員会編『明治学院百年史』明治学院、一九七七年、八二頁
6　中村敏『日本プロテスタント神学校史――同志社から現在まで』いのちのことば社、二〇一三年、九三～九五頁
7　青山学院編集『青山学院九十年史』青山学院、一九七四年、一八一頁
8　米田勇『中田重治傳』中田重治伝刊行会、一九五九年、四二頁

第三章　中田重治の初期の伝道と結婚生活、渡米留学時代、帰国とその後（一八九一〜一八九八年）

1　初期の伝道と結婚生活

こうして美以教会の伝道師の仮免状をもらった中田は、だれも行きたくないところを任地として希望し、まず北海道の八雲という、函館と小樽の間にある海岸部の小さな村に遣わされた。短期間そこで伝道した後、小樽、そして千島列島の択捉《エトロフ》島で伝道した。だれも行きたくないところで伝道したいということでもあったが、性格的にも一か所でじっくり伝道することが向かなかったことも一因である。

小館（中田）かつ子

エトロフ島時代に、彼にとって大きな出来事が二つあった。日本美以教会より執事としての按手礼を受けたことと、結婚したことである。結婚相手は、中田の母教会である弘前美以教会で当時伝道師をしていた小館かつ子であった。ときに中田は二十四歳、かつ子は二十五歳であった。

彼女は同じ弘前出身で、青森女子師範学校を卒業し、教員として女学校で教えたこともあった。このころ信仰に入り、横浜市にある聖経女学校で学んだ後、母教会の弘前美以教会で伝道師として奉仕していた。温順な中にも芯の強い女性で、激しい性格の中田によく仕え、彼を支えた。

しかし二人は、結婚後任地のエトロフ島で最初に生まれた男児佐内を風土病で喪うという悲痛な経験をする。さらに、かつ子自身も風土病にかかり、ついにエトロフ島を引き揚げざるをえなくなる。彼らは郷里の弘前で静養した後、秋田県の大舘に転任した。ここで生まれた男児が羽後で、後に『リバイバル聖歌』や『聖歌』の編集をはじめ、音楽伝道者として活躍する。なお羽後が生まれた後、渡米を間に挟むが、中田とかつ子の間に生まれた子どもは、長女陸奥《むつ》、次女京、三女リリ、四女豊《とよ》で、合わせて五人であった。

この大舘時代に、中田は肉の力には限界があることを痛切に感じ、聖霊の力を切に求めるようになる。あわせて、彼の心の中に広く世界を見たいという思いも生まれてきた。渡米を口にした重治に対し、かつ子は「どうか渡米してください。今が良い時です。大いに恵まれて帰って来てください」と励ました。そしてこんな時のためにと思い、ひそかにお金を蓄えていたかつ子や親戚らの多大な協力を受け、重治は妻と次男の羽後を郷里の弘前に置いて、大伝道者のD・L・ムーディを慕って渡米する。

2　渡米留学時代

一八九六（明治二九）年暮れに彼は日本を発ち、あこがれのアメリカに旅立った。横浜を船で出発した際、弘前時代からの恩師である本多が彼を見送っている。暮れの寒空に、外套を着ていない中田を見、本多は自分の来ていた外套をその場でプレゼントし、自らは外套なしで帰宅した。中田は、後ほどその外套が本多の持っていた唯一のものであることを知り、感激している。[*1]

中田は、一八九六年一二月にサンフランシスコに上陸する。彼を温かく迎えてくれたのは、アメリカ・メソジスト監督教会の監督Ｍ・Ｃ・ハリスであった。彼は日本で宣教師として長く奉仕し、札幌時代は札幌農学校の生徒であった内村鑑三、新渡戸稲造、宮部金吾らのいわゆる札幌バンドの青年たちに洗礼を授けた人物である。このときちょうどアメリカに帰国中であった。中田は、サンフランシスコから陸路を鉄道でシカゴに向かい、ついにムーディ聖書学院にたどりつく。

十九世紀後半のアメリカでは商工業が急速に発達し、その結果、人口が大都市に集中した。鉄鋼王Ａ・カーネギーに代表されるように、成功と富を手にする者が多く出現する一方で、貧困層も拡大し、シカゴ等の大都会のスラム街も広がっていた。キリスト教界においては、Ｄ・Ｌ・ムーディが一八七〇年代からシカゴを中心にリバイバル運動（信仰復興運動）を展開していた。この時代のアメリカのキリスト教会は、海外宣教や社会改良運動にも活発に取り組んでいた。

Ｄ・Ｌ・ムーディ

ムーディは、アメリカの生み出した世界的な大衆伝道者としてよく知られている。彼はその家庭環境のために満足に教育を受けることができず、青年時代はボストンの靴屋で働いていた。十八歳の時に明確な回心をした後、日曜学校やＹＭＣＡの活動を熱心に行うようになった。その後、仕事を辞め、青年伝道を中心とする伝道活動に専念するようになる。特に一八七〇年代以降は、音楽伝道者Ｉ・サンキーと組んで、アメリカ国内だけでなく、イギリスなど海外でも大衆伝道者として広く用いられた。その説教はきわめて単純であり、罪からの悔い改めとキリストへの回心を率直に勧めるものであった。

留学時代の中田重治

ムーディとその協力者たちは、自分たちが担うこうした大衆伝道活動を次の世代にも継続させたいと強く願い、伝道者養成の学校を設立するに至った。それまでアメリカの教職養成を主に担ってきた大学の神学部や神学校は、概してアメリカ東部のニューイングランド地方を中心とした地域に設立されていた。そこで学び、教職になった人々の多くは、高等教育を受けた知的な中産階級であり、男性が主であった。それに対してムーディが目指したのは、労働者階級や都市に流入してきた若者、新移民などを含む一般大衆を伝道活動の対象とする教育であった。

ムーディは、まず一八七九年に生まれ故郷のノースフィールドで、女性のためのノースフィールド神学校を設立する。続いて一八八一年に、男性のためのマウント・ハーモン・スクールを設立している。こうした教育活動を踏まえ、一八八九年にはシカゴに男女共学のシカゴ伝道協会を設立する。これがムーディ聖書学院に発展し、今日まで多くの牧師・伝道者や信徒を教育し、送り出している。[*2]

中田が学んだころは、ムーディ聖書学院は設立後まだ十年も経っていなかったが、霊的水準は高かった。中田は、この聖書学院での学費や生活費を得るためだけでなく、渡米のための借金を返済するために、様々なアルバイトをしなければならなかった。

中田は、ここの短期コースで学んでいるとされている。しかし『ホーリネス信仰の形成——日本ホーリネス教団史　第一巻』によれば、自らしばしば「ムーディ聖書学院で学んだ」と語っているが、実際にどのようなコースに在学し、どのような学科を習得したかは明らかではない。さらには、同学院の在籍者名簿にも彼の名前が存在しないとのことである。[*3] しかしその後の彼の歩みを見ると、ここでの学びと経験や出会いがその後の伝道者としての歩みを決定的に方向づけたことは間違いないと言えよう。

ムーディ聖書学院においては、奉仕のためには知的なものよりも、聖霊の力、聖霊のバプテスマの体験が必要であると教えられていた。しかし当初中田はその確信が与えられず、霊的に苦悶している。そうしたなかで、この聖書学院に奉仕に来たＡ・Ｍ・ヒルスという牧師から、その著書『聖潔と力』を与えられた。中田はこの本を読んで、キリスト者の力が聖潔から来ることを確信することができた。さらにインド人宣教師Ｖ・ダヴィッドが聖書学院に来て集会を持った。そこに出た中田は聖霊体験をし、すべてをささげ、自分がきよめられたとの確信をついに得る。

後に中田は、そのときの体験を「我は死り」と題する説教とともに、次のような文章を、葬儀を象徴する黒枠で掲載している。

「旧中田重治
右者今より二十一年前十一月二十二日の夜米国シカゴ市に於て死亡致し候《そうろう》。既に或御方々には講壇より幾度も御知らせ申上し事有之候が更《あらた》めて広告致し候。伝道者となりてより来四月を以て新旧合せて満二十五年と相成り候。右併《あわ》せて御知らせ申上候。早々。

新中田重治[*4]」

同様のことを彼は説教等様々な場で語っており、この体験が彼にとって実に大きな転機となったことがわかる。

レティ・カウマン

チャールズ・カウマン

中田は、滞米中シカゴにあるグレース・メソジスト監督教会に出席することが多かった。ある日の礼拝で、彼はカウマン夫妻と出会った。夫のチャールズは、シカゴで電信技師として活躍していた。彼もその夫人のレティも、信仰深い家庭で生まれ育ち、それぞれ十代で回心を経験している。二人は一八八九年に結婚し、チャールズの転勤に伴い、シカゴで暮らすようになった。チャールズの出世に伴い、生活は豊かなものとなったが、信仰生活が疎かになっていった。

そうしたなかでまずレティが、通っていた教会での集会を通して信仰を復興し、その後チャールズも信仰の復興を経験した。彼は職場で熱心に個人伝道をするようになり、多くの人々を信仰に導いた。彼によって最初に導かれたのが、後に東洋宣教会の宣教師としてカウマンや中田と協力するE・A・キルボルンである。

キルボルンもチャールズと同じく電信技師であり、すでに信仰を持っていたが、チャールズとの出会いを通して信仰が復興し、ムーディ聖書学院で学んでいる。彼は一九〇二年に来日し、中田やカウマンらの働きに協力し、一九二四年にチャールズが召された後、その後を継いで、東洋宣教会第二代目の総理に就任している。

中田と出会ったとき、カウマン夫妻はムーディ聖書学院の夜間コースで学んでいた。この出会いの後カウマン夫妻は、中田の学びを経済的に援助するようになる。そして、中田が帰国した後の一九〇〇年、中田とともに日本で伝道せよという神からの導きを受ける。夫妻は、オハイオ州に新設された「神の聖書学校（G

BSと略称）」でも短期間学び、日本での宣教に備えている。『ホーリネス信仰の形成――日本ホーリネス教団史　第一巻』は、この「神の聖書学校」が中田やカウマンらの設立した聖書学院に少なからぬ影響を及ぼしていると指摘している。[*5]カウマン夫妻は一九〇一年に来日し、日本での生活と伝道を開始する。
中田が渡米経験から得たものは、三つあると言えよう。日本で求めていた聖霊体験と、後に日本で伝道を共にするカウマン夫妻との出会い、そして聖書学校設立のビジョンである。

アメリカに来た最大の目的の聖霊体験を得た中田は、早く日本に帰って伝道したいとの熱望に満たされ、帰国の途についた。ムーディ聖書学院を発つ際、彼はムーディに自分の身につけるべき聖句を求めると、ムーディは中田の英文の聖書を開き、詩篇八四篇一一、一二節に赤インクでアンダーラインをした。以下にその箇所を日本語訳で引用する。

「そはヱホバは日なり盾なり。ヱホバは恩と栄光とを与え、直くあゆむものに善き物をこばみたもうことなし。万軍のヱホバよ。なんじに依頼む者はさいわいなり。」（文語訳）

「まことに　神である**主**は太陽　また盾。
主は恵みと栄光を与え
誠実に歩む者に良いものを拒まれません。
万軍の**主**よ
なんと幸いなことでしょう。
あなたに信頼する人は。」（新改訳２０１７）

後に中田は、この「日」を日本、「盾」をユダヤに当てはめ、日本人とユダヤ人の密接な関係を強調している。

ちょうど中田と入れ替わるように、日本からムーディ聖書学院に学びに来たのが、後に大衆伝道者として活躍する木村清松《せいまつ》であった。木村は、東北学院で学んだ後、渡米し、太平洋神学校へ進み、一八九九年からムーディ聖書学院で学んでいる。木村が来たとき、中田はすでにシカゴを発った後であった。後に大正期になって内村鑑三、木村清松らと中田が手を取り合って、再臨運動を日本全国に展開することになる。ここにムーディ聖書学院の先輩、後輩のつながりをうかがうことができる。

木村の伝記である『基督に虜《とら》はれし清松』には、ムーディとの出会いやその信仰ぶりが実に生き生きと描かれている。彼もムーディ聖書学院在学中に聖霊体験をしている。[*6] ムーディは一八九九年の年末に召天しているので、木村はその召天直前に接したことになる。ムーディの後は、R・A・トーレーが聖書学院の責任を引き継いでいる。

なおこのころ、酒井勝軍《かつとき》もムーディ聖書学院で学んでいる。酒井は、木村と同様、東北学院で学んだ後渡米し、シカゴ音楽大学へ進んで後、ムーディ聖書学院に学んでいる。後に反ユダヤ主義者から日猶同祖論者となり、起伏の激しい人生を送っている。[*7] この酒井と中田との関わりについては、本書の第二部で取り上げる。

一八九八（明治三二）年、中田は帰国の途中イギリスのロンドンに寄って、バックストン家を訪問し、歓待された。日本にいたころからバックストンを知っていたので、この機会に訪問したのである。そのときバックストンは来日中で会えなかったが、帰国後、松江のバックストンを訪れ、教えを受けている。

３　帰国とその後

一八九八（明治三一）年九月に帰国した中田は、長崎に上陸した。その際、鎮西学院で院長をしていた笹森卯一朗を訪問している。笹森は弘前出身で、東奥義塾における中田の先輩にあたり、アメリカにも留学している。中田がアメリカで聖霊を受けたことを語ると、笹森は「そうか、君の今後においてこれを見よう」と答えている。帰国後の中田は、いったん故郷の弘前に戻り、妻かつ子と次男羽後と約二年ぶりに再会する。帰国後の二年間は日本美以教会の任命を受け、巡回伝道をしていた。

　この時期に中田は松江のバックストンのもとに行き、交わりと修養の時を持った。Ｂ・Ｆ・バックストンは、日本のキリスト教史における聖潔派（きよめ派）の源流とも言うべき存在である。バックストンは、一八九〇（明治二三）年に英国教会の海外宣教団体である英国教会伝道協会（ＣＭＳと略称）の宣教師として来日する。まず神戸に滞在し、伝道活動を開始した。その宣教活動は最初から、英国教会（聖公会）の枠にとらわれず、超教派的なものであった。

Ｂ・Ｆ・バックストン

　翌年、島根県の松江に移り、市内の赤山を拠点として伝道活動をする。ここで彼によって信仰に導かれた人々や、彼を慕って各地から集まって来た日本の青年たちに指導を行った。

　彼についての伝記である『信仰の報酬』には、ここでの生活ぶりが生き生きと描かれている。午前中はバックストンによる聖書講義、午後は訪問伝道、夜は近隣の集会出席・奉仕と、厳しいなかにも充実したものであっ

笹尾鐵三郎

た。[8] これはまさに神学校の原型とも言うべきものであり、直接の後身である神戸聖書学校（現在の関西聖書神学校）をはじめ戦前の純福音派の聖書学校のスタイルに大きな影響を与えている。後に中田が始めた聖書学校は、ムーディ聖書学院等の影響を受け継いではいるが、赤山でのバックストンのもとでの生活と経験も踏まえていると言えよう。[9]

中田はここで、当時松江にいた笹尾鐵三郎と出会った。笹尾は渡米留学時代に福音に触れて回心し、帰国後「小さき群れ」の一員として河邊貞吉らとともにバックストンのもとで修養していた。

ここで「小さき群れ」について触れておきたい。

一八八〇年代の終わりから九〇年ごろにかけて、サンフランシスコを中心とするアメリカの太平洋岸でリバイバルが起きた。その信仰復興の波は、当時その地域に滞在していた日本人にも及び、彼らの中からキリスト教に入信する者が多く起こされた。その中には、秋山由五郎、河邊貞吉、木田文治、笹尾鐵三郎、松野菊太郎、森永太一郎らがいた。この中で森永製菓を設立した森永太一郎以外は、みな伝道者となり、そのほとんどが日本の同胞の救いのために帰国した。[10]

帰国した彼らは東京で共同生活を始め、祈りと伝道の日々を過ごした。そこに御牧《みまき》碩《せき》太郎《たろう》、土肥修平らが加わって活動を共にした。彼らにつけられた名前が、「小さき群れ」であり、後に彼らの多くが日本における純福音運動の指導者となり、中田にも協力している。こうした小さき群れの人々が、一八九五年にイギリスから帰国したばかりのバックストンと出会い、松江へと招かれ、修養生活を送っていたのである。

その中の一員である笹尾は、その後中田が聖書学校を始めたとき、教師そして後に学校長として協力し、修養生に深い霊的感化を与えた。

『信仰の報酬』では、このころ松江の彼のもとで修養した中田や笹尾らについて、次のようなバックストンの言葉が記されている。

「『ある日本人たちは、既に、霊的の才幹である。彼らが私の足下に坐するより私が彼らの足下に坐したなら、もつと適《ふさ》わしかろうと私はしみじみ感ずる程である』と。笹尾さん、三谷さん、中田重治さんらは聖書をよく知る人々であり、霊的内容に於ても能力に於ても、英国のどなたにも劣らぬ人々である。[*11]」

バックストンの謙遜な人柄を表すとともに、中田をはじめとする若き伝道者たちを高く評価していたことがうかがえる。「三谷さん」とは、三谷種吉であり、先述のとおり、福音唱歌の作者として活躍し、一時期中田らが設立した神田の聖書学校でも教えたことがある。彼の生涯とその働きについては、『日本で最初の音楽伝道者 三谷種吉』に詳しく記されている。[*12]

なおこの時期、中田は自分の出身教派である日本美以教会から離れて、広く超教派で伝道することを考えるようになった。中田が美以教会を離脱することを言いだしたとき、妻のかつ子は最初強く反対した。美以教会の女性伝道師をしていたこともあり、慣れ親しんだ教派を離れることに賛成できなかったのである。しかし中田の説得によって、夫の考えを理解し、賛成するようになった。

日本美以教会を離脱した中田は、後に「聖潔之友（ホーリネス・ユニオン）」と呼ばれるグループを形成し、聖化の教理を信じる超教派の人々と交流や集会をするようになった。そのグループは、バックストンの信仰の流れを汲む人々や、メソジスト教会、日本同盟基督協会、日本救世軍等幅広いものであった。

後に作られた同グループの会則第二条の「性質」では、次のように謳われている。

「本会は各教会の内外の基督教信者にして全き潔めを信じ、且つ再臨の主を待ち望む者の愛の結合にして、一宗派にあらず（ヨハネ第一書三の三）」[*13]

この会に関わる人々の消息は、中田が一八九九（明治三二）年に創刊した『焰の舌』に掲載されている。これらの人々の中から、その後ホーリネス教会の働きに直接加わったり、再臨運動やリバイバルの際に教派を超えて協力する人々が起こされていったりしたのである。

注

1　米田勇『中田重治傳』中田重治伝刊行会、一九五九年、六三頁
2　中村敏『日本プロテスタント神学校史』いのちのことば社、二〇一三年、二五〜二六頁
3　日本ホーリネス教団歴史編纂委員会編『ホーリネス信仰の形成――日本ホーリネス教団史　第一巻』日本ホーリネス教団、二〇一〇年、一七七頁
4　『聖潔之友』第五三六号、一九一七年一月一一日、五頁
5　『ホーリネス信仰の形成――日本ホーリネス教団史　第一巻』一〇四頁
6　岩村清四郎『基督に虜はれし清松』めぐみ堂出版、一九三四年、九六〜一〇一、一一四〜一一五頁
7　酒井勝軍について、『日本キリスト教歴史大事典』では、「かついさ」と名前を呼んでいる。しかし最近の研究によれば、「かつとき」と呼ぶほうが正しいと考えられる。彼が一九二八年に著した『橄欖《かんらん》山上疑問の錦旗』が、中田の『聖書より見たる日本』に影響を及ぼしているという指摘もある。

8　B・G・バックストン、小島伊助訳『信仰の報酬』バックストン記念霊交会、一九五八年、一一七～一二三頁
9　『日本プロテスタント神学校史』一五〇～一五一頁
10　中村敏『日本における福音派の歴史』いのちのことば社、二〇〇〇年、五〇～五一頁
11　『信仰の報酬』一三二頁
12　榊原正人・三谷幸子共著『日本最初の音楽伝道者　三谷種吉』いのちのことば社、二〇〇一年
13　『中田重治傳』一〇〇頁

第四章　福音伝道館と聖書学校創立時代（一九〇一～一九〇四年）

一九〇一（明治三四）年三月、中田重治は来日したカウマン夫妻と東京の神田で伝道を開始した。この二十世紀初頭は、日本のキリスト教会にとってどのような時代であったのだろうか。

1　二十世紀初頭の日本のキリスト教界――二十世紀大挙伝道

一八九〇年代から約十年間、日本のプロテスタント教会はそれ以前とは一転して伝道不振の時代を迎えていた。一八八九（明治二二）年、天皇主権国家であることを定めた大日本帝国憲法が発布され、翌年その倫理・道徳を教える教育勅語が渙発《かんぱつ》された。こうした国家主義的政策が強力に推進されていく潮流の中で、一八九一年、内村鑑三による不敬事件が第一高等学校で起きた。この事件の結果、キリスト教は日本の国体と相容れない宗教であるとして、激しい世論の非難を浴びた。この事件とそれをめぐる「教育と宗教の衝突」論争を通し、大多数の国民にはキリスト教は反国体的宗教とのイメージが強まり、伝道上大きな逆風となった。

加えてこの時期に、ドイツの自由主義神学やアメリカのユニテリアン主義が日本に流入し、神学的に未成熟であった日本の教会は大きく揺さぶられた。キリスト教会は、いわば内と外からの大きな試練に遭遇したのであった。

そうしたなかで、一八九〇年代の長い停滞や不振を打ち破ることを目指したのが、「二十世紀大挙伝道」であった。この伝道計画は、日本におけるプロテスタント教会の代表的機関である福音同盟会によって計画された。二十世紀という新時代の到来を記念し、欧米の教会で計画された“Twentieth Century Forward Movement”に呼応し、大規模な組織的伝道に日本の教会あげて取り組むことを決議し、実行した。[*1]

この大挙伝道は、一九〇一（明治三四）年から約二年間全国的に展開された。具体的な伝道の内容としては、各教会から集められた教職・信徒によって伝道隊を組織し、彼らを中心として戸別訪問、広告配布、路傍伝道などを実施した。さらにこうした伝道活動の集約として、大規模な各種の伝道集会を開催し、そこでは多くの著名なキリスト教指導者を説教者として立て、そこで得られた決心者や求道者を教会に紹介した。植村正久や小崎弘道をはじめ、多くの有力な教会指導者が説教者として活躍した。この伝道は、それまで沈滞の極みにあった日本の教会をよみがえらせ、再び進展する転機となったのである。約二年間実施された伝道の結果、二万人近い求道者が教会に与えられ、信徒数も目覚ましく増大した。

『中田重治傳』によれば、同じ年に伝道を開始したばかりの中田らは、翌年の一九〇二（明治三五）年に、聖書学校の修養生による音楽隊を帯同して、この大挙伝道に協力している。[*2]

この大挙伝道は、結果として日本のプロテスタント教会の社会的性格を著しく都市中心的なものにしていった。大挙伝道のような組織的伝道が有効に展開されるのは、農村地帯をはじめとする地方よりは、人口の密集した都市部、とりわけ大都会であった。こうした伝道方策が、この大挙伝道の時だけにとどまっていたら、そこまで大きな影響を与えなかったであろう。しかし、この伝道の成果を見た諸教派は、この方策に基づいて自分たちの教派による伝道を繰り返し、こうした傾向を助長した。

これに伴い、教会の構成員にも変化が見られた。明治期の急激な産業発展の中で、多くのホワイト・カラーと呼ばれる人々が生み出された。こうした中産インテリ層やその予備軍とも言うべき学生こそ、大挙伝道に見られる都市型伝道に応答しやすい人々と言える。すでに触れたように、初期のキリスト信徒は圧倒的に士族層出身者であった。そうした傾向を受け継ぎ、大挙伝道以後今日まで、日本のプロテスタント教会の構成員は、基本的に都市に住む中産インテリ、ホワイト・カラーの人々、そして学生主体と言うことができよう。[*3]

それに対して、最初はからし種ほどの小さなスタートをしながらも、こうしたプロテスタント教会のあり方とは大きく異なる道を選んだのが、「庶民」と言うべき一般大衆への福音宣教を目指したホーリネス教会であった。

2　福音伝道館の働きの開始

一九〇一（明治三四）年二月、チャールズ・カウマン、レティ・カウマンの夫妻は日本伝道のビジョンを携えて来日した。カウマン夫妻はその前年にオハイオ州シンシナティの「神の聖書学校」を訪問し、その創立者のM・ナップと出会った。カウマン夫妻は彼との出会いによって、アメリカのホーリネス運動の強い感化を受け、その団体である「使徒的聖潔の友（AHUと略称）」に加入する。カウマンは、来日に先立つ一九〇一年一月に、この団体の指導者たちによる按手を受け、この団体派遣の宣教師として日本に派遣された。[*4]

一九〇一（明治三四）年三月、中田は来日早々のカウマン夫妻とともに、東京の神田表神保町（現・千代田区神田神保町）で伝道を開始する。中田は、「神田」を「神の田」、「神保町」を「神の保つ町」と受けとめ、神が備えてくださった場所と確信し、家を借りて「中央福音伝道館」と看板を掲げた。一階の一角には中田夫妻と二人の子どもが住み、その一方は聖書学校の教室、夜は伝道館として用いた。二階の一方にはカウマン夫妻が住み、もう一方は聖書学校の男子の寮とした。これが、日本におけるホーリネス運動の揺籃《ようらん》となり、ここを拠点として彼らは毎晩のように熱心に伝道した。

彼らの始めたホーリネス運動の目的は、以下の二つにあると言えよう。一つは、自分たちの教派・教会を形成するのではなく、既存の教会に自分たちが信じる「全き福音」すなわち「四重の福音」を伝えることによって、それらの教会を活性化させること。もう一つは、まだ福音が伝えられていない地域に行って伝道をすることである。そして当初から、この二つの目標を達成するために、伝道者を養成する聖書学校を始め、中央福音伝道館を拠点として伝道し、福音伝道隊を組織して、各地を巡回伝道することを目指したのであった。

中央福音伝道館では、毎日午後七時から伝道集会が開かれており、一般の人々向けに平易な言葉で福音の説教がなされ、回心する人々が起こされていった。集会に出席する人々は次第に増え、毎回百人以上が参加するようになった。日曜日には午前九時から英語と日本語による聖書講義が行われ、その後十時から説教がなされた。

注目すべきことは、開始されたこの伝道活動は教会形成を目指すものではなかったにもかかわらず、一九〇四（明治三七）年ごろからすでに中央福音伝道館で午前十時半より主日礼拝が行われるようになり、早い時期ですでに教会化の萌芽が見られることである。

最初東京の神田で始まった福音伝道館は、その後、日本の各地に開設されていった。まず山形県の楯岡で地方最初の伝道館が開設された。楯岡が選ばれたのは、当時の奥羽南線の終着点であったからである。とにかく中田とカウマンとしては、まだ福音が伝えられていないところに宣べ伝えたいとの願いがあった。この楯岡の福音伝道館には、年輩の清水俊蔵が派遣された。続いて同じ山形県の新庄、谷地、栃木県の宇都宮、さらに横浜、伊豆等に伝道館を開設し、伝道戦線を拡大していった。当初は、東日本が主であった。

3　聖書学校の開始

そしてすぐに聖書学校を開設し、生徒を受け入れた。中田は、伝道を開始する前の一八九九（明治三二）年に、月刊誌『焰の舌』を創刊する。これは四頁ものの月刊誌で、当初青山学院教授で恩師の山田寅之助と共同で発行した。この雑誌の一九〇一年一月号に、中田の文章で「新設さるべき伝道館と聖書学校」が宣伝され、カウマン夫妻の来日も予告されている。それは以下のとおりである。

「私は米国に居りました時から日本に伝道館と聖書学校を設立するの必要を感じ、之が為に断《た》えず主の御導を祈つて居りましたが、主は明白に答へ給ふて愈々《いよいよ》来る四月から開設する事に定りました。此事業を助くる所の数人の同情者を得ました。其中なるカウマン氏夫妻は米国シカゴから態々《はるばる》来らるゝ事になり多分二月廿日頃横浜に着する事となりませふ。[*5]」

聖書学校の生徒は最初数名であったが、松江のバックストンのもとから米田豊らが入学し、だんだん増えていった。そこで教師陣の充実が必要となり、すぐに中田は松江で知り合った笹尾鐵三郎を協力者として招いた。笹尾はそのとき淡路島で伝道しており、このときからホーリネス運動に加わり、特に聖書学校の指導者として学生たちに多大の感化を与えた。さらに松江のバックストンのもとから三谷種吉が加わり、音楽を担当した。笹尾と三谷が教師陣に加わったことについて、『中田重治傳』は次のように記している。

「中田は右に聖者的な笹尾、左に音楽の才能のある三谷を得て満足した。中田はムーデーの学校に学んだので、ムーデーを理想としていたが、ムーデーには歌手のサンキーがいてその伝道をより効果あらしめた。三谷がサンキーほどであったかどうかは別として、中田には鬼に金棒の感を持たしめた。[*6]」

ただ、三谷は一九〇五年に聖書学校の教師を辞任し、神戸の日本伝道隊の働きに加わっている。だが、一九〇三年には武田駒吉や秋山由五郎も加わり、次第に教師陣の体制が整ってきた。

生徒が増えるに伴い、最初の建物では手狭となり、一九〇四（明治三七）年、新宿の柏木に広い土地を入手して移転した。当時の学校案内によると、純福音と超教派をうたい、四重の福音を信仰の特色とし、いつでも入学でき、修養年限はおよそ二年とされている。

このころの修養生としては、米田豊に加え、野辺地天馬、山崎亭治、車田秋次らが知られている。このうち山崎亭治と車田秋次は、一九〇二年に来日後、宇都宮で伝道を開始したキルボルンに導かれた青年たちである。山崎は、聖書学院を卒業してから、各地の伝道館で奉仕後聖書学院の教授も務めている。戦時下の弾圧を経て、再建された日本ホーリネス教団の指導者の一人となり、東京聖書学院で教鞭を執っている。車田は淀橋教会、神田教会の牧会や聖書学院の教授を務めている。分離の際は日本聖教会の指導者となり、戦後は再建された日本ホーリネス教団の創設者となった。野辺地は盛岡市で中田の説教を聞いて入信し、中学卒業後、上京して聖書学校で学んでいる。後に児童伝道者として活躍している。

米田豊の自叙伝『主を仰いで――入信72年の思い出』には、当時の学校生活が生き生きと描かれている。それによると、毎日午前中は学課で聖書の講義が行われた。授業については中田が、ムーディ聖書学院の副院長トーレー（ムーディ召天後は院長）著の『聖書の教』によって聖書神学を教えた。これは主題別に聖句を集めたもので、いわゆる神学とは異なるものであった。笹尾鐵三郎は、旧新約各書の総合的な研究に基づき、綿密な講義を行った。イェール大学で学んだ武田駒吉は、組織神学を教えた。[*7] 聖書の講義のほかに、ジョン・ウェスレーの『キリスト者の完全』の講義も行われていた。

午後は学費を得るため聖書売りをする者もいれば、有志で英語や唱歌、オルガンを学ぶ者もいた。夜は伝道館で毎晩持たれていた伝道集会に出席し、説教や証しをなし、個人伝道を行った。

この聖書学校の設立の際の広告によれば、次のような学校案内が掲げられている。

「聖書学校とは神学校でなく神の学校で、只《ただ》神の言葉即ち聖書のみを勉強する所であります。課業書は聖書の外別にありません。其註解者は聖霊御自身であります。此学校の生徒は毎晩伝道館に於て滅ぶべき霊魂に向ひ個人的に悔改を勧め、実地に個人的伝道法を習練するのであります。[*8]」

このように、伝統的教派の神学校と違い、聖書のみを教科書として学び、毎晩伝道館で伝道の実習を行うという、単純明快な精神のもとに運営されていた。この学校の入学資格としては、新生体験があり、将来直接・間接に働くことを神から召された者はだれでも入学できた。そして超教派性を打ち出していた。

「此学校の生徒たらんとする人は何れの教派の人でも聖書を神の言と信ずる人なれば入り得る資格のあ

る人であります。終業後何れの教派に属して働いても又私共と関係を有して福音未伝の地に伝道し、或は各派内に働く巡回伝道師となるとも其人の自由であります。私共の希望は唯一日も早く日本を基督に捧げんとするの外別にありません。[*9]」

このように単純な聖書信仰に立ち、超教派性を打ち出していたが、東洋宣教会、後に日本ホーリネス教会として群れが教会形成を進めていくなかで、聖書学校は次第にこの群れの教職養成機関の性格を強めていった。当初、定まった名称を持っていなかったが、一九〇三年二月に「聖書学院」と命名された。[*10]

4　日露戦争における戦地慰問

なおこの時期に中田は、恩師である本多庸一の要請に従い、日露戦争による戦地慰問を行っている。日露戦争は、一九〇四（明治三七）年二月から一九〇五年九月まで、日本と帝政ロシアが朝鮮と南満州の支配と権益をめぐって争ったものである。

当時の多くのキリスト教指導者と同様、中田はこの日露戦争を熱烈に支持している。そのころの『焰の舌』で、次のように記している。

「多くの忠勇なる軍人は国と君との為め其愛する妻子親兄弟に別れ、満州の野にありて貴重なる生命を糞土《ふんど》の如く思ひ、日夜苦心惨憺《くしんさんたん》戦闘に就事し、至る所に大勝利を奏じ、国威を海外に輝かしつつある[*11]」

この戦争に際し、日本のプロテスタント教会の各派は連合し、戦地を慰問することにした。大正期の日本基督教会同盟の前身にあたる連盟組織が「福音同盟会」であり、そこから本多と中田が委員として満州と朝鮮の軍隊慰問をすることになった。この戦地慰問は、一九〇四（明治三四）年五月から七月までの約二か月半の旅であった。後に中田は、このときのことを次のように回想している。

「日露戦争が東洋の教化にいかなる関係影響があるかは知らないが、私は慰問使として日本の教会を代表して朝鮮に渡った。いまでこそ言えるが、政府の機密費というものを使ったのはその時がほぞの緒切って始めてだった。*12」

このように中田は、この慰問のための費用として日本政府の機密費を用いたことを告白している。続けて彼はこう語っている。

「実はわれらの出発の前に、当時の桂総理大臣は本多先生を招いて、『どうか朝鮮の信者に、われらが戦う理由を述べて、手なずけてくれ』と頼まれた。その時機密費を渡されたのであった。*13」

最初中田は、政府の機密費を用いて活動することを頑強に拒否し、手を引くことも本多に申し出ている。

「それを聞いた私は、『私はいやだ。政府の機密費などで私はご用ができない。私はやせてもかれても、聖潔の伝道者ですよ。私は帰る』と言うと……。*14」

そうした彼を本多は強く説得している。結局、中田はその説得に服した。

「先生は私のお父様のような人だから、日本の戦う理由から、機密費のことを一晩中説き聞かせられて、最後に『わしの言うことを聞け』と言われる。私もそれならばと、夜の目も寝ずに、宣教師、信者の間を説いて回った。軍人ならば金鵄勲章《きんしくんしょう》[*15]というところだろう。[*16]」

恩師である本多の説得に服したこともあるが、中田自身の中にある愛国主義をここに見ることができる。また、理屈よりは意気に感じ、義理人情によって行動するタイプの人間であることがうかがえる。このとき中田は各地の戦地慰問に加え、韓国各地のキリスト教会を訪問することができ、大いに見聞を広めることができた。このことについて、『中田重治傳』は次のように記している。

「この韓国諸教会歴訪は、日本にもクリスチャンがあることを、韓国にある宣教師たちに知らしめ、日露戦争を白色人種対黄色人種の戦いであるかの如く見なす見解に対して、日本の立場を弁護するためであったと言われる。[*17]」

日露戦争は、からくも日本の勝利に終わり、アメリカのセオドア・ルーズベルト大統領の講和勧告により、ポーツマスで日露講和条約が結ばれた。この結果、日本は南樺太を領有し、朝鮮における優越権や遼東半島の租借権を獲得した。しかし賠償金を獲得することはできず、それに不満を持つ国民が講和反対の決起集会を開き、暴徒化した一部民衆はその勢いで日比谷の交番や政府施設等を襲った。ホーリネス教会もこの襲撃に巻き込まれ、好地由太郎が牧師を務める浅草伝道館も暴徒の襲撃に遭い、家財は焼き払われ、会堂は破壊されている。このとき好地牧師やその母は、ロシアの教会ではないと一生懸命説得したが、聞き入れられず、命の危険すら感じているほどであった。[*18]

なおこの日露戦争の戦費調達のために日本政府は欧米諸国に外債を申し入れ、大いに助けられている。後に中田は、『聖書より見たる日本』の中で、ユダヤ人を支援することの理由として次のように語っている。

「ユダヤ人と言えば、われら日本人とは何の関係もないように考える人もいるが、私はいままず世間周知のことから申しあげたい。日露戦争の時に外債に応じて大いに日本を助けてくれた人はニューヨークのシーフというユダヤ人であったことは人みな知るところである。いまの高橋大蔵大臣が当時外債募集に出かけられたのであるが、ニューヨークの名だたる銀行家であるシーフ氏は快く承諾したのみではなく、ほかの多くのユダヤ人にも勧誘してくれた。……日本が勝利を得たうらには、このシーフ氏の援助があずかって力がある。それゆえ日本から彼に勲章が贈られたのである。しかるに、近ごろある一部の人々の間にユダヤ人排斥運動をしている者があるが、われら日本人は恩を忘れる民ではない。[*19]」

なお、ここに登場するユダヤ人の銀行家であるシーフ（ジェイコブ・ヘンリー・シフ）は、一九〇六（明治三九）年に日本政府に招待され、日露戦争の際のその功績により、明治天皇から皇居で直々に勲二等の勲章を受けている。

5　純福音宣伝大会の開催

この時期に中田らは、「純福音宣伝大会」を開催している。この集会は、一九〇五（明治三八）年に神田の基督教青年会館で開催されたもので、参加者は一五〇〇名ほどの多数に及んだ。この集会は、いわゆる四重の福音を宣伝するものであり、中田や笹尾ら聖書的純福音を信ずる内外の教師たちが講師となり、音楽を多く用いた。

その趣意書では、日本のプロテスタント教会の現状を、「聖書的純福音より離れて」、「実に曖昧《あいまい》なる基督教其大部分を占めをれば」、「教会は日に月に益々俗化し」と痛烈に批判している。そのうえで、「素直に聖書を神の言と信じて受納《うけいる》ることを得」たる「主の小《ちい》さき群は、奈何《いか》でか能《よ》く沈黙することができませう乎《か》」と発奮し、「大《おほい》に寝《ねむ》れる信者を警醒《けいせい》」するために、「我国伝道界未曾有の、而《し》かも最も嶄新《ざんしん》なる大集会」を開くに至ったと語っている。[*20] かなり挑戦的であるが、当時の中田らの意気込みをよく表している。

注

1　中村敏『日本キリスト教宣教史』いのちのことば社、二〇〇九年、一八七頁
2　米田勇『中田重治傳』中田重治伝刊行会、一九五九年、一一五〜一一六頁
3　『日本キリスト教宣教史』一八九、一九〇頁
4　日本ホーリネス教団歴史編纂委員会編『ホーリネス信仰の形成——日本ホーリネス教団史　第一巻』二〇一〇年、一六九、二〇六頁

5 『焔の舌』第二〇号（一九〇一年一月）に最初掲載されたが、ここに引用した文章は『焔の舌』第二八五号（一九一一年四月二三日）に再掲載されたものである。
6 『中田重治傳』一一五頁
7 米田豊『主を仰いで――入信72年の思い出』いのちのことば社、一九七二年、三〇～三二頁
8 『焔の舌』第八三号、一九〇四年二月一〇日、一二頁
9 同誌、第二八五号、一九一一年四月二三日、三頁
10 同号、四頁
11 同誌、第一〇二号、一九〇四年一一月二五日、一頁
12 米田勇編『中田重治全集　第六巻』中田重治全集刊行会、一九七三年、一五四頁
13 同書、一五五頁
14 同頁
15 金鵄勲章とは、抜群の手柄を立てた日本軍人に与えられた金鵄（金色のとび）をかたどった勲章で、一八九〇年に制定され、一九四七年に廃止された。
16 『中田重治全集　第六巻』一五五頁
17 『中田重治傳』一三〇頁
18 『焔の舌』第二八五号、一九一一年四月二三日、一〇～一一頁。ただし、この号の記事は『焔の舌』一三五号からの転載したものである。
19 『中田重治全集　第二巻』一〇六～一〇七頁
20 『焔の舌』第一〇七号、一九〇五年五月一三日、一頁

第五章　東洋宣教会の発展と試練の時代（一九〇五〜一九一六年）

1　東洋宣教会の設立とその働きの拡大

一九〇五（明治三八）年一一月、中田はカウマンたちと計って、「東洋宣教会（Oriental Missionary Society）」を設立した。日本の各地に福音伝道館ができ、聖書学院も移転、新築されるなかで、これらを統一する名称と組織が必要になってきたからである。東洋宣教会と名づけたのは、日本だけでなく、中国や韓国をはじめアジア諸国に伝道したいという願いが当初からあったからである。この年の一一月の『焔の舌』の「東洋宣教会とは何ぞや」という巻頭言では、次のように説明されている。

「東洋宣教会とは東洋諸国に純福音を伝えんが為に内外の聖徒より組成されたる団体であります。従来の聖書学院および各所の福音伝道館は本会に附属するものであります。日本または外国にある何等の団体または教会を代表するものでなく全く独立のものであります。本会の目的は日本を始めとし東洋諸国の教化で、基督の花嫁なる聖教会を建るのであります。即ち主の再臨に対する準備であります。これが為に四重の福音と申して救、聖潔、主の再臨、神癒を説きます。[*1]」

このように中田らは、最初から自分たちの伝道活動が日本にとどまらず、東洋諸国に及ぶものであることを謳い、特定のミッションから独立した働きであることを強調している。

東洋宣教会はその発足において、中田、笹尾、カウマン夫妻、キルボルンの五名が幹部となって運営することになった。中田が伝道部門の責任、笹尾が聖書学院長、カウマン夫妻とキルボルンがアメリカの支援者との交渉や会計を受け持った。

一九〇八（明治四一）年、東洋宣教会は新たに役員制度を設け、中田が総理、笹尾が副総理となり、カウマンとキルボルンが会計の責任を持った。このとき秋山由五郎が巡回伝道者に任命された。この時点で、福音伝道館は全国十六か所に及んでいる。

この十六か所の伝道館のうち、島根県と鳥取県以外はほとんどが東日本にあり、東洋宣教会の地方伝道はまず東日本を中心としていたことがわかる。

この時期に注目すべきことは、朝鮮半島への宣教の関心が高まってきたことである。一九〇四（明治三七）年に朝鮮人の青年男性二名が来日し、三年間聖書学校で学んでいる。彼らは、卒業後帰国して伝道を開始している。カウマンとキルボルンがそれに協力し、京城（現在のソウル）に伝道館を開設し、活発に伝道している。そしてこの福音伝道館において聖書クラスを開始し、これが後の京城聖書学院（現・ソウル神学大学校）に発展していくのである。

2　特異な分野での伝道

この時期において特筆すべきことは、特異な分野での伝道がなされていることである。まず遠藤亀蔵による小笠原島伝道が挙げられる。彼は後に奄美大島で伝道してから、台湾でも伝道しており、その地で召天している。

次に、井上伊之助による台湾山地族伝道がある。彼は中田重治から洗礼を受け、聖書学院で学んだ。その在学中に父親を台湾の山地族によって殺されるという悲劇に遭遇するが、キリストの愛をもって彼らに福音を伝えよ、との召しを受けた。一九一一（明治四四）年に台湾に渡り、以後三十三年間献身的な医療伝道を行い、「高砂族《たかさごぞく》の父」と呼ばれた。彼の台湾での宣教については、拙著『日本プロテスタント海外宣教史――乗松雅休から現在まで』（新教出版社、二〇一一年）の第六章で取り上げている。[*2]

好地由太郎は、少年時代に殺人・強姦・放火という罪を犯し、死刑になるべきところ、未成年であったため無期懲役囚となった。しかし服役中にキリスト教に触れて入信し、模範囚となり、出獄した。やがてホーリネス教会の牧師となり、浅草の伝道館で伝道した後、監獄伝道に尽力し、多くの重罪人を信仰に導いた。その劇的な証しをまとめた自伝として、『恩寵の生涯』が一九一七年に刊行されている。[*3]

安倍千太郎は、中学時代にハンセン病にかかり、退学した。その後入信し、楯岡伝道館で教会生活を送ってから、聖書学院で半年間聴講している。その後、東京や伊豆大島、さらには草津でハンセン病の患者への伝道を始めた。そのかたわら、日本各地を巡回伝道した。中田は安倍の伝道をその後も支援している。

なお従来、ホーリネス教会は伝道活動は熱心に行うが、社会活動は行わないとみなされてきた。確かに中田は、機関誌で「社会事業には関わらない」とか、「慈善活動はしない」と主張したが、[*4]実際には、少なからぬ救済活動や慈善活動を支援していることが知られている。

すでに紹介した監獄伝道やハンセン病患者への伝道や救済活動のほか、ペンロド館と呼ばれた児童養護施設への支援活動や、視覚障がい者伝道への支援もなされている。[*5]

3　かつ子夫人の召天と中田の再婚

このように破竹の勢いで伝道戦線を広げていた一九一一（明治四四）年、大きな試練が中田に押し寄せた。まず、中田を支えてきたかつ子夫人が病のために召されたことである。彼女は、伝道のために外に出ることが多く、かつ性格の激しい夫の重治をよく助けてきた。『焔の舌』二八五号、一九一一年三月二三日）は、中田かつ子の召天についての特集が組まれ、その履歴や米田豊による追悼の記事が次のように掲載されている。

「夫人性温良にして柔順、而《しか》も意志堅固にして……主婦として、母として注意周到、よく其職分を全ふす。……夫をして後顧《こうこ》の憂なく、東奔西走、専心伝道に従事せしめたるの功は決して小ならず。夫中田重治君の伝道事業に成功せる、蓋《けだ》し夫人の力興《おこ》つて大なりと謂《い》ふべし。[*6]」

残された五人の子どももがまだ小さいこともあり、中田は五か月後に今井あやめと再婚する。

今井あやめは、一八八一年に仙台で生まれ、小学生時代に宣教師に導かれて入信し、横浜の聖経女学校で学んでいる。その後、日本メソヂスト教会の女性伝道師となり、小樽や千葉県の佐原で伝道する。最初、中田との縁談が持ち上がったとき、五人の子どもを抱えて困っている中田の境遇に同情を覚えたものの、監督夫人という立場の困難と五人の子どもの養育にとうてい自信を持ち得なかった。しかし、最終的に宣教という主からの使命を共に担うことを示されて結婚に踏み切っている。

あやめは後にホーリネス教会の正式な教職となり、聖書学院の女子舎監にもなり、修養生に大きな感化を及ぼし、昭和初期のリバイバルにおいても少なからぬ役割を果たしている。

4　聖教団事件とその影響

次の試練は、群れ全体に関わる深刻なものであった。それがこの年（一九一一年）の一〇月に起きた「聖教団事件」である。中田は、この年の一〇月二五日発行の機関誌『焔の舌』で、自分たちが東洋宣教会から分離し、新たに日本聖教団を設立することを宣言する。彼はその理由について次のように説明した。

「私は此度《このたび》東洋宣教会より分離しました。其《その》理由は米国の兄弟等と日本共同事業と云ふもの、解釈に於て根本的相違あることを見出し、十年間関係来りし信者等を引受る精神にて去十四日快く分離致したる次第であります。[*7]」

ここにあるように、事件の真相は東洋宣教会の運営の主導権をめぐる中田側とアメリカ人側の考え方の衝突であった。直接のきっかけは、京城聖書学院の土地購入問題に始まる両者の論争であったが、これはこの団体が活動を始めた時から内包していた問題であり、衝突は起こるべくして起こったと言えよう。

中田を中心とする日本人指導者は、カウマンらアメリカ人指導者と群れの運営や財産についての権利は同等であると考えていた。しかし、カウマンらの考えや言い分はそれと異なっていた。現実として、それまで東洋宣教会の活動に必要な費用の大部分は彼らがアメリカの支援者たちを訪ねて集めた献金によって賄われてきた。したがって、群れの活動の主導権と財産の運用に関する権利はアメリカ人指導者の側にあると考えていた。日本の活動が進展し、安定してきたなら、次は朝鮮や中国という、東洋宣教会の働きがまだ及んでいない地域に伝道活動を展開していくことが、アメリカの支援者の献金を確保するうえで必要であるとカウマンらは考えたわけである。

こうした両者の見解の相違が、京城聖書学院の土地購入問題に始まる論争によって表面化したのであった。この件について、カウマンたちは中田ら日本側にほとんど相談することなく話を進めていき、それに対して中田ら日本の側が反発し、衝突に至ったことが真相であった。

その後の経緯としては、中田側についた者もいたが、カウマン側につく者もあり、多くの者は中立を保った。中田は形勢不利と考えて和解の必要を感じるに至り、短期間で一応元のように互いに協力するようになった。一か月後の『焰の舌』には、「東洋宣教会と日本聖教団の円満なる一致」と題する次のような文章が掲載された。

「◎右の両団体は心霊上の一致を保ちつゝ、大に福音宣伝に従事せんと致して居た所が種々の障害が起り来り如何にせんかと先月来皆々祈り求めて居た次第であります。
◎しかるに『目いまだ見ず、耳いまだ聞《きか》ず人の心いまだ念《おもは》ざる者《ママ》』を示し給ふ主はカウマン兄等より意外の事を申されたのであります。即《すなは》ち東洋宣教会の事業《はたらき》の中なる日本の事業《はたらき》を日本の教役者に一切委ねかの兄弟等は単に後援者となり少しも干渉せぬとの事であります。かく委ねられたる笹尾兄と小生は一時は畏《おそ》れましたが信仰を以て引受ることに致しました。[*8]」

このようにこれ以降、日本人の主体性が以前より尊重されるようになった。このことは、日本の教会がそれまで依存してきた外国の宣教団から自立しようとする時にしばしば起きてくる軋轢《あつれき》であるといえよう。しかしながら、この事件の後遺症は深刻であった。『日本ホーリネス教団史』はこの事件について、次のように記している。

「この聖教団事件は、わずか一ヵ月足らずで解決したのであるが、一時的にもせよいろいろな形でその傷は表面化した。純粋な気持でゴタゴタはいやだという潔癖さから、この事件を機会に離れ去った者も少なくなかったしこの騒ぎを収めるために笹尾が中間に立っていろいろと斡旋したようであるが、彼もまた小さな教派的なものにしばられるのを好まず年来の主張の如く、やがて超教派的に活動するようになった。[*9]」

この群れで信仰を持ち、将来を期待された渡辺善太は、この事件を契機に東洋宣教会を去り、渡米留学して別の道を歩み始めた。特に中田や群れにとって大きな痛手であったのは、笹尾鐵三郎がこの事件を契機に東洋宣教会を去り、巡回伝道に立ったことであった。笹尾はそれまで聖書学院の責任を持ち、修養生から非常に慕われ、その温厚な人柄で中田を助けてきただけに、中田にとっても群れ全体にとっても実に大きな損失であった。

笹尾は、その三年後に病で召される。その葬儀は、中田の司式のもとで行われ、説教はバックストンがなした。笹尾から聖書学院で教えを受けた者を代表し、多辻春吉が「笹尾先生は私共伝道者に対しては母の如き心をもて常に尽くされた」と述べると、式場内のそこかしこに嗚咽《おえつ》の声が聞こえたとのことである。[*10]池上良正は、『近代日本の民衆宗教』で次のように述べている。

「この事件（聖教団事件）を契機に、つねに『父親的』といわれた中田に対して『母親的』役割で補佐してきた笹尾鐵三郎が聖書学院を離れ、さらに彼が一九一四（大正三）年の年末に四六歳で急病死すると、東洋宣教会はいっそう中田色が鮮明に打ち出されることになる。[*11]」

さらに『ホーリネス信仰の形成——日本ホーリネス教団史　第一巻』も、この笹尾の離脱について、次のように指摘している。

「この笹尾の存在が中田の行動を抑制し、暴走に歯止めをかける一定の役割を果たしていたことは想像に難くない。ところが笹尾が離脱して後に、中田の行動に歯止めをかける役割を担う者が誰もいなくなった。[*12]」

また神田の本部で奉仕していた米田豊も、この事件の後に群れを去り、バックストンに協力するために神戸に移った。これに関して、米田は自伝の中でこう回想している。

「笹尾先生辞職の時に私も出ると言ったが、笹尾先生が君は中田君の弟子だから留まっているように勧められたので残っていたが、一年ほどしてからどうしても出たくなった。私は中田先生と遠慮のない仲だったので、ある時ちょっとしたことを注意したことがあった。ところが、そんなことは言わないよ、それなら君と別れてもよいよと言われた。この一言が私には非常なショックであった。つい先ごろまで、塩をなめてもいっしょにやって行こうと言われたのに、別れてもよいとは、私のような者は、この先生とはとてもやって行けない、先生がその気なら私の方から今のうちに別れるべきであると思った。[*13]」

これらの記述は、後に中田の一元的支配が確立し、昭和期におけるリバイバルの高揚の中で、脱線、分裂へと至った出来事を暗示することであった。

5　チャールズ・カウマンの召天とその後

この聖教団事件以後、一九一三年に東洋宣教会の新しい指導体制がスタートした。それまで東洋宣教会は、総理が中田、副総理が笹尾、カウマンとキルボルンが会計という体制をとっていた。この事件以後、カウマンが東洋宣教会の総理となり、中田は日本宣教の責任者となり、両者の役割がはっきりと分離された。その後一九一七年に東洋宣教会ホーリネス教会が設立され、日本の宣教の働きは監督となった中田に委ねられた。カウマンら宣教師たちは代わって、韓国や中国における宣教に専念することになった。一九二一年に東洋宣教会の現地本部は、東京から京城に移転し、韓国宣教は急速に進展する。

そうした一連の大きな変化の中で、聖教団事件における心労もあり、チャールズ・カウマンは健康を損ね、持病の心臓病が悪化していった。そして一九一七年のホーリネス教会の設立を見届けた後、レティ夫人とともにアメリカに帰国する。彼は闘病生活を続けながら、東洋宣教会の働きのために、祈りを中心とする奉仕を続けていたが、一九二四（大正一三）年に五十七歳で天に召された。

E・A・キルボルン

レティ・カウマンは、その六年間の夫の看護の生活の中で書き留めたメッセージや随想を聖書日課としてまとめ、『荒野の泉』として出版する。『荒野の泉』は英米で三百万部を超え、日本語をはじめ数か国語に翻訳され、時代を超えて多くの人々に愛読されている。[*14] 彼女は、その売り上げによる多額の利益を宣教のために活用している。

カウマンの召天に伴い、キルボルンが東洋宣教会の二代目の総理に就任し、レティ・カウマンが副総理に就く。キルボルンは一九二五年に京城から中国の上海（シャンハイ）に移り、中国での本格的な宣教を開始する。その年には上海にカウマン記念聖書学院が設立され、東洋宣教会の現地本部も上海に移転した。

なおその後召されたキルボルンに代わり、レティ・カウマンが三代目の総理に就任し、一九四九年までの長きにわたってその責任を担う。

注

1 『焔の舌』第一四四号、一九〇五年一二月二日、一頁
2 中村敏『日本プロテスタント海外宣教史——乗松雅休から現在まで』新教出版社、二〇一一年、九二～一〇五頁
3 好地由太郎『恩寵の生涯』真菜書房、一九一七年
4 『きよめの友』第一〇七八号、一九二七年九月二九日、一頁
5 日本ホーリネス教団歴史編纂委員会『ホーリネス信仰の形成——日本ホーリネス教団史　第一巻』日本ホ

ーリネス教団、二〇一〇年、五五一～五五二頁
6 『焰の舌』第二八五号、一九一一年三月二三日、五頁
7 同誌、第二九七号、一九一一年一〇月二五日、二頁
8 同誌、第二九九号、一九一一年一一月二三日、二頁
9 山崎鷲夫・千代崎秀雄『日本ホーリネス教団史』日本ホーリネス教団、一九七〇年、五〇頁
10 米田勇『中田重治傳』中田重治伝刊行会、一九五九年、二二四～二二五頁
11 池上良正『近代日本の民衆宗教――初期ホーリネスの宗教学的研究』東北大学出版会、二〇〇六年、三七頁
12 『ホーリネス信仰の形成――日本ホーリネス教団史　第一巻』二九三頁
13 米田豊『主を仰いで――入信72年の思い出』いのちのことば社、一九七二年、五二頁
14 L・B・カウマン『荒野の泉』福音文書刊行会、一九六〇年

第六章　ホーリネス教会の設立と大正期の再臨運動（一九一七〜一九一九年）

1　東洋宣教会ホーリネス教会の設立

一九一七（大正六）年の新年号から、機関誌の『焔の舌』は『聖潔之友《きよめのとも》』と改題された。前述したように、この創刊は一八九九年であり、「焔の舌」と命名されたのは、ペンテコステの聖霊降臨の際、「焔のような舌が分かれて現れ」（使徒二・三）という聖句にちなんだものであった。しかしこの誌名は、一般市民にとっては赤色に象徴される共産党の関係誌と誤解されるおそれがあり、内務省からの変更の勧告を受け、改名したのであった。この雑誌は、最初は月刊であったが、途中から週刊となり、毎号中田が健筆をふるっている。

この年の一〇月三一日、東洋宣教会は「東洋宣教会ホーリネス教会」となり、正式に教団組織をとった。奇しくもこの日は、ドイツでマルティン・ルターが「九五箇条の提題」を発表してプロテスタント宗教改革を開始し、ちょうど四百周年となる意義深い日であった。

当初中田らは、東洋宣教会を超教派的な伝道団体と考え、新たな教派を生み出す心算はなかった。しかし四重の福音を掲げ、各地に福音伝道館を開設して伝道戦線を拡大していくなかで、次第に他教派との体質の違いが目立つようになり、独自の教派的色彩が出てきた。ここに至って中田らは、新教団を組織するに至ったのである。運営形態としては、中田の出身教派であるメソジスト教会にならって監督政治をとり、中田が初代監督に就任した。

この時点での所属教会数は、国外の撫順《ぶじゅん》と大連の二か所を含めて四十六か所に増加していた。かつては東日本中心であったものが西日本にも増え、全国規模の教団に成長しつつあることがわかる。

2　全国トラクト配布

大正期において特筆すべきことは、一九一二年から一八年にかけて、東洋宣教会が中心となって、日本全国に伝道文書を配布したことである。当時の日本の総世帯数は一〇三七万で、「君の拝むべき神」という小冊子と新約聖書の分冊を配布した。今日でも日本全国に及ぶトラクト配布は大事業であるが、それを一つの宣教団体で達成したということは日本の伝道史上の快挙といえよう。
これは、カウマンがＪ・Ｒ・モットの書物を読み、まだ一度も福音を聞いたことのない人々への伝道の必要性を痛感したことがきっかけであった。そこで彼はキルボルンにそのビジョンを語って賛同を受け、五年間で日本の全住民に聖書の分冊を配布するという計画を立てた。その実行を担ったのが、東洋宣教会地方伝道隊であり、宣教師にホーリネス教会の日本人の教職・信徒が協力した。[*1]
『ホーリネス信仰の形成――日本ホーリネス教団史　第一巻』によれば、このトラクト配布のためにアメリカのＷ・ブラックストーンから一万五千ドル（当時の約三万円）という多額の献金が寄せられたということである。その理由としては、同書で次のように指摘されている。
「そのような援助を受けることができたのは、カウマンを始めとする東洋宣教会の再臨信仰が、ブラックストーンの主張するディスペンセーショナリズムに深く根ざすものであったからである。[*2]」

なお後述するように、中田はちょうどこのトラクト配布がなされている最中の一九一七年に、ブラックストーンの代表的な著作 *Jesus Is Coming* を『耶蘇《イエス》は来る』として翻訳出版している。この書は、以前に山田寅之助が翻訳し、出版したことがあった。それを中田が改訳し、新装出版したのであった。この本はそれ以後、ホーリネス教会の再臨信仰の教科書的な役割を果たしている。

なお、東洋宣教会による全戸トラクト配布は、あくまでも福音の種蒔きに徹するものであり、配布した地域にホーリネス教会を設立する目的ではなかった。それは再臨信仰に根ざしたものであり、この後に展開される再臨運動に結びつくものであった。

3 再臨運動

大正期のもう一つの大きなことは、中田が無教会の内村鑑三らとともに再臨運動に参加したことである。再臨運動は、一九一八年から約一年半展開された。この時期にキリストの再臨が強調された歴史的背景としては、第一次世界大戦を通して西欧文明の破綻が明らかになり、科学の進歩や合理主義についての深刻な反省が生まれてきたことがある。第一次世界大戦の終わりとなる一九一八年、ドイツのO・シュペングラーによる『西洋の没落』が出版され、たちまち数十版を重ねた。その翌年の一九一九年に出版されたK・バルトの『ローマ書講解』は、近代主義的キリスト教の終わりを告げるものとなった。

そうしたなかで、まず日本のキリスト者として再臨信仰に目覚めたのは、無教会の指導者の内村鑑三であった。彼は、以前に長女のルツ子を若くして天に送るという試練を通して復活の信仰に立ち、来世への希望に目が開かれた。それに加え、第一次世界大戦の勃発と長年のアメリカの友人ベルから送られてきた雑誌“The Sunday School Times”の再臨に関する記事が、再臨信仰の形成に大きな役割を果たした。一九一六年にベルから送られたこの記事を読んだ内村は、ベルへの返信でこれによって再臨こそが「聖書の鍵」であることがわかったと書いている。[*3]

内村は、聖書をそのまま無謬の神の言葉として受けとめて研究を進めていったときに、欧州大戦に象徴される自由主義・文化主義的キリスト教の行き詰まりを打ち破るものとして、再臨信仰の展開へと導かれた。彼によれば、「再臨問題は聖書問題である。聖書全部を神の言なりと信じて基督再臨を信ぜざるを得ない。又再臨を拒否して聖書の大部分を拒否せざるを得ない。……再臨の信仰と聖書無謬説、是れ同一の信仰の両面に過ぎない」とされる。[*4]

一九一七（大正六）年一〇月に、内村は宗教改革四百周年記念講演が多くの聴衆を得て成功裏に終わったことに大いに励まされる。そしてこれを機として、従来の閉鎖的な集会の方針を変えて街頭へと進出し、翌年より約一年半にわたる再臨運動に乗り出したのである。彼は、再臨信仰において一致できるなら、だれとでも協力した。

一方、中田が設立したホーリネス教会は、当初から四重の福音の柱の一つとして再臨を強調していた。先述のとおり、一九一七年に中田はブラックストーンの『耶蘇は来る（*Jesus Is Coming*）』を翻訳出版した。これは、キリストの再臨が千年王国の前に実現するという前千年王国主義再臨説の立場であり、ディスペンセーション主義（天啓的歴史観）の立場で書かれたものである。

なおこの翻訳書については、内村鑑三が高く評価している。彼は中田らと再臨運動をしていた一九一八

（大正七）年五月、その主宰する『聖書之研究』において、読者に次のように推薦している。

「基督再臨問題を研究せんと欲する者に取り必要欠くべからざる書はブラックストン著、中田重治君訳『耶蘇は来る』である、其或る部分に就ては読者の首肯《しゅこう》し難き点無きにしも有らざるべきも、其大体に於て再臨の聖書的根拠を闡明《せんめい》して誤らざるは何人も承認する所である[*5]」

ここで、内村がブラックストーンや中田、東洋宣教会が強調した前千年王国再臨説やディスペンセーション主義を受け入れていることは注目すべきことである。

中田は、一九一八年の新年聖会でも再臨問題について連続講演をし、その重要性を強調した。

中田と内村は同じ都内の柏木に住んでいたが、それまで交流はなかった。再臨運動が始まる前の一九一六年七月、内村の自宅が隣の家からの出火で火の手が屋根に移ろうとしていた。そのとき中田は、聖書学院の修養生や職員を動員して消火に協力し、類焼を免れさせた。内村は中田たちに深く感謝し、それを機に二人の交流が始まった。

そのうえで、互いに再臨信仰を証しする使命を受けていることを知ると、いっそう接近して協力するようになる。そこに日本組合基督教会の巡回伝道者として活躍していた木村清松が加わる。このほかに聖書学院で学び、アメリカ留学から帰国したばかりの平出慶一《ひらいでけいいち》もこれに参加した。平出は、後に広島にあるアライア

中田重治、内村鑑三、木村清松
（1918年ごろ）

ンス神学校の校長や、日本一致神学校の校長を務めた人物である。[*6] さらにアメリカン・バプテストの宣教師W・アキスリングが、都内の三崎町のバプテスト中央会堂をこれらの再臨運動の講演会場として提供するなど、文字どおりの超教派的運動となって広がっていった。

ただ木村清松は、早くもこの年の四月で再臨運動から袂《たもと》を分かっている。その理由として、木村は次のように言っている。

「先生〔筆者注＝内村を指す〕の悪い癖で、各派の先輩の名をあげて片端から攻撃せられるのには閉口した。時には聞くに耐えなかった。これは行動を共にすべきではないと考えた。そして自然に身を退いたのであった。[*7]」

木村は再臨信仰には共鳴しているものの、当時の日本の二大教派の一つである組合教会に身を置く者としては受け入れがたいものがあったのであろう。

また再臨運動を続けるなかで、ホーリネス教会の信徒の中から、なぜ内村らの無教会の人々と協同して再臨運動をするのか、疑問の声が出てきている。それに対して中田は、『聖潔之友』で「内村氏等との提携」という文章を発表している。

「内村氏等と提携するようになった事について、随分誤解があるようであります。内村氏は我等の唱うる純福音なるものを悉《ことごと》く信ずるようになったのではありません。神学の系統から申せば氏はカルヴァン派、私は依然としてアルミニアン派で、聖潔を信じ、キリスト信者の実験を高唱するのであります。氏等は聖潔派になったのでもなく、また私はあの方々に降参したのでもありません。ただキリストの千年期前再臨説については同信仰であるので、この一点のみを高調するために一致しているのみであります。……かかる次第で、氏等との提携の理由は簡単なものであります。これを以て再臨を信ずる者の大合同を計り、一派を樹《た》つるなどの野心は毛頭ありませんから、この段御安心を願います。ただ、この根本教理が各教会に拡まればよいのであります。[*8]」

このように内村との提携は、同じ千年期前再臨主義の確信に立ち、ただ再臨運動の進展のみがその目的であることを強調している。

『内村鑑三日録10　1918〜1919　再臨運動』によれば、内村や中田や彼らの賛同者が、この時期各地でかなりの聴衆を集め、再臨についての講演会や祈禱会等の集会を行っている。[*9] この運動は東京だけでなく、一九一八年三月には大阪で再臨運動を推進する組織として、「日本基督教希望団」が結成された。これには、自由メソヂスト教会の河邊貞吉、聖公会の藤本寿作、組合教会の今井安太郎らが加わった。当初は東京や関西を中心に共同の再臨講演会をもっていたが、後に北海道から岡山にまで及び、多くの聴衆が出席した。そうしたなかで各地の教会に熱烈な信仰復興が起こり、キリスト教界に大きな影響を与えた。

しかしその一方で、こうした再臨運動に対する批判の声も強くなってきた。特に日本組合基督教会はこの運動を冷淡視し、東京の本郷教会では海老名弾正が先頭に立ち、今井三郎らによる再臨反対演説会が開催された。また独立教会である駒込基督会牧師富永徳磨《とみながとくま》による『基督再臨説を排す』が出版された。[*10]

共同の再臨講演会は一年半ほどで終了したが、大正期における警世の意義としては、非常に大きなものがあった。

4　中田のユダヤ人問題への関心の高まり

この再臨運動の時期に注目すべきことは、中田のなかでユダヤ人問題への関心が高まってきたことが挙げられる。この時期に中田が翻訳したブラックストーンの『耶蘇は来る』は、すでに述べたようにディスペンセーション主義の解釈による千年期前再臨説の立場に立っている。この解釈の立場に立つと、キリストの再臨において、イスラエルの地にダビデ王国が再び回復されることになり、ユダヤ人問題に特別な関心を寄せることになる。実際ブラックストーンはアメリカにおいて、最初のクリスチャン・シオニスト・ロビーを生み出し、当時のハリソン大統領に対して、ユダヤ人国家の建設を支援するよう訴えているほどである。[*11]ちょうど再臨運動の始まる前年の一九一七年、イギリスはユダヤ人国家をパレスチナに建設するとのバルフォア宣言を発表した。それを受けて、祖国を再建することを目指したユダヤ人がヨーロッパ中からどんどんパレスチナに押し寄せて来た。

中田や内村が主催した再臨集会に、ロンドン出身のユダヤ人であるヘルマン・ニューマークが加わり、証しをしている。彼がイギリスに帰国後、彼を支援するためのユダヤ人伝道後援会が設けられ、そのための献金支援活動をしている。

一九一九（大正八）年には、中田らを中心としてイスラエルのために祈る「ユダヤ祈禱団」が結成され、彼がその会長に選出されている。中田は、ユダヤ人の救いのために祈ることがキリスト者の務めであるとし、それがキリストの再臨を早めることになると主張している。このために毎月第一木曜日、ユダヤ人のための祈禱会が神田ホーリネス教会でもたれ、その働きのための献金も集められた。

『ホーリネス信仰の形成――日本ホーリネス教団史　第一巻』は、中田のこうしたユダヤ人についての特別な関心は、渡米留学したムーディ聖書学院の影響からきているのではないかと推論している。ムーディ聖書学院は、世界で初めてユダヤ人伝道学科を設置していた。中田が在学したころにはすでにこの学科があり、ヨーロッパから難民・移民としてアメリカに流入して来たユダヤ人に対して積極的に伝道活動を行っていた。[*12]

こうしたユダヤ人問題への関心が、中田の日猶同祖論と結びつき、後年の昭和のリバイバルの時にさらに発展して強調され、分裂の一要因となっていくのである。

さらにもう一つの注目点は、中田がキリストの再臨の切迫性を強調するなかで、再臨の日時にしばしば言及するようになってきていることである。彼は再臨の時期については、聖書が言及しているように人間が詮《せん》索《さく》すべきことではないと言っている。しかしその一方で、キリストの再臨の日はラッパ祭りの日であるとし、この再臨運動の間もしばしばその時期について言及している。

中田は、一九一七年八月三〇日と九月六日の『聖潔之友』で「主は近し」という巻頭言を連載している。その中で、「主の空中再臨は何年であるかは判然分らないが、何月何日かは分る」と言い切っている。[*13] そしてレビ記のラッパ祭りやパウロ書簡の終わりの日のラッパについての聖句（レビ二三・二四、Ⅰコリント一五・五二、Ⅰテサロニケ四・一六）を自分流に解釈し、もしこの年（一九一七年）に携挙が起こるならば、それは九月一七日であると述べ、一九二四年までの太陽暦のラッパ祭りの日を列挙している。[*14] こうしたことも後年の昭和初期のリバイバルの再臨待望の中で再び強調され、分裂の要因に結びついていく。

なおこの大正期のほぼ同時期に、当時の日本のプロテスタント教会の主要な教派が協力した伝道活動が、「全国協同伝道」であった。この大規模な協力伝道を推進したのが、一九一二年に発足した日本基督教会同盟である。この会の構成単位は教派であり、日本基督教会、日本組合基督教会等その当時のプロテスタント教会の主要な八教派が加盟し、初代会長には日本メソヂスト教会の本多庸一が就任した。この会には、ホーリネス教会をはじめとするいわゆる純福音派ないし聖潔派教会は加わっていない。

一九一四年に始められ、三年間続いたこの協力伝道を提案し、支援したのが一九一〇年に開催されたエディンバラ世界宣教会議の継続委員長として来日したJ・R・モットである。全国協同伝道は、日本を東部と西部に二分し、様々な伝道方策が実施され、三年間実施され、大きな成果をもたらした。[*15]

ここからわかるように、大正期において、中田重治や内村鑑三らを中心とする再臨運動と主要教派を中心とする全国協同伝道はほとんど接点を共有せず、それぞれが別個の運動として展開されていったと言えよう。

注

1　日本ホーリネス教団歴史編纂委員会『ホーリネス信仰の形成――日本ホーリネス教団史　第一巻』日本ホーリネス教団、二〇一〇年、三〇二頁

2　同書、三〇五頁

3　『内村鑑三全集　第三八巻』岩波書店、一九八三年、二〇九頁

4　内村鑑三「信仰と実行」、『内村鑑三全集　第二四巻』岩波書店、一九八一年、三三五頁

5　内村鑑三「社告」、同書、六〇三～六〇四頁。なお引用文中の「闡明《せんめい》」とは、『広辞苑』によれば、「はっきりしていなかった道理や意義を明らかにすること」と説明される。

6　『主のあわれみ限りなく――平出慶一自伝』平出慶一自伝刊行会発行、一九八二年、九二～九五、一〇〇頁

7　木村清松「内村先生と私」、『内村鑑三著作集月報』一二、岩波書店、一九五四年三月

8　米田勇『中田重治傳』中田重治伝刊行会、一九五九年、二五五～二五六頁

9　鈴木範久『内村鑑三日録10　1918～1919　再臨運動』教文館、一九九七年
10　日本キリスト教歴史大事典編集委員会『日本キリスト教歴史大事典』教文館、一九八八年、五六〇頁
11　『ホーリネス信仰の形成――日本ホーリネス教団史　第一巻』三六二頁
12　同書、三七七頁
13　『聖潔之友』第五七〇号、一九一七年九月六日、二頁
14　同誌、二～三頁
15　中村敏『日本キリスト教宣教史』いのちのことば社、二〇〇九年、二〇六～二〇八頁

第七章　大正期のリバイバルとその後の歩み（一九一九〜一九二四年）

1　大正期のリバイバル

再臨運動は、一応、一九一九年前半で区切りをつけるが、この年の後半になって、その実とも言うべきリバイバル（信仰復興）がホーリネス教会を中心に起きた。

ここで、リバイバル（Revival）について定義をしてみたい。この語は、一般的には文化や芸術等様々な分野において、「復活」、「再生」、「復興」の意味で用いられる。特にキリスト教をはじめとする宗教の分野においては、それまで形式化したり、世俗化したりしていた信仰の状態から、再び生き生きと燃え上がり、復興する運動を指す。リバイバルは、とりわけプロテスタント教会においてときどき起こり、多くの場合熱烈な説教と祈り、聖霊の顕著な働き、罪の悔い改めと信仰の告白を伴い、その結果として伝道が急進展し、多くの人々が回心し、教会も急成長していく場合が多い。教会史や宣教史の分野では、「大覚醒運動」がほぼ同義語として用いられている。

藤本満は『新キリスト教辞典』において、「信仰復興（リバイバル）」の項目で次のように論じている。「信仰復興とは、神の民に与えられる聖霊による霊的覚醒」であり、「個人の中から始まったとしても、決して個人にとどまらず、集団的な規模で広がっていく覚醒運動」であるとされる。[*1] さらに、「信仰復興と伝道・

宣教とは決して同義語ではないが、密接な関連を持っている。救いの喜びは、教会内に充満するだけでなく、積極的に外に向かい、キリストの宣教命令を強く打ち出すことになる」と記している。[*2]

このような意味において、リバイバルはキリスト教の宣教の歴史において、初代教会のペンテコステの出来事以来、しばしば起きている。近代のキリスト教史においては、十八世紀、十九世紀の英米のプロテスタント教会、特にアメリカにおけるリバイバルがよく知られている。これらのリバイバルは、アジア、アフリカの未伝の地域に福音を伝える原動力となった。

日本のキリスト教会においても、欧米の教会に比べると規模は小さいとはいえ、一八八三年に横浜での初週祈禱会から始まったリバイバルは、日本各地に広がっていき、教会の活性化と成長をもたらした。[*3] さらには、一九〇七年の韓国教会におけるリバイバルもよく知られている出来事である。閔庚培《ミンギョンベ》著『韓国キリスト教会史』によれば、このリバイバルは宣教師の祈禱会と、日本による植民地支配が進むなかで、神の救いによるほか頼るところがないという韓国民の熱烈な信仰からきたものであった。[*4]

さてこの章では、ホーリネス教会から始まり、純福音派に広がっていったリバイバルについて取り上げてみたい。再臨運動の後半ごろのホーリネス教会の機関誌『聖潔之友』に、リバイバルについて書かれた記事が増えてきた。中田は一九一九（大正八）年一月の「新年の聖戦」という記事の冒頭で、次のように述べている。

「今年はリバイバルの年である。誰しもかゝる感じを以て今年を迎えた。[*5]」

さらに三月には、「真のリバイバル」という記事を載せている。

「これはペンテコステ以来時々基督教会内に起こりしところの霊的覚醒である。一個人のリバイバルは常にある。しかし此処にいふところのリバイバルなるものは教会全体又は国全体が霊の力に揺動《ゆりうご》かさるるといふ不思議なる神の御業である。」

さらに彼は、真のリバイバルは、「祈り祈つて遂に起こりし天的運動で」あり、「一日二日で消るやうなものでなく一年も二年も続く性質のものである」と強調する。[*6]

そしてこの年の終わりに近い一九一九（大正八）年一一月、ホーリネス教会にリバイバル（信仰復興）が起きた。そのもとは淀橋教会の早天祈禱会で、長年日本のリバイバルのための切なる祈りが積まれてきたことにあった。しかし直接のきっかけは、「信州飯田のリバイバル」という島地タイの回想によると、一一月一七日の夜淀橋教会でもたれた徹夜の祈禱会であった。[*7]

そこに集っていたのは、秋山由五郎、柘植不知人《つげふじと》、小原十三司《おばらとさじ》らであり、監督の中田は関西に出張中であった。秋山は聖書学院の教師をしたり、米子の福音伝道館で牧会したり、このときは巡回伝道者として働いていた。柘植不知人は、日本伝道隊の神戸聖書学校（現・関西聖書神学校）で学び、バックストンから多大な霊的感化を受けた人物である。後に日本伝道隊と分かれ、活水の群を創立している。[*8]

この徹夜の祈り会を通して霊的に燃やされた彼らは、その日の夜行で信州の飯田町の教会に向かい、連日の聖会をもった。この聖会の後、さらに山に登って断食祈禱をし、徹底的な悔い改めと聖めの時をもった。それから淀橋教会に戻った一行は、いっそう熱烈に集会を続行する。リバイバルが起きたことを知らされ、出張からすぐに戻った中田監督が集会を指導した。ここから都内の各地、日本の各地のホーリネス教会を中心にリバイバルの熱気が広がっていったのである。

翌年三月には、中田重治、秋山由五郎、日本伝道隊の御牧碩太郎の三名が発起人となり、聖書学院を会場として日本全国リバイバル大会が開催された。この大会は、七百名を超える大きな集会となり、ホーリネス教会にとどまらず、超教派の大会となった。日本伝道隊、日本自由メソヂスト教会、日本協同基督教会、日本同盟基督協会等多くの教派から教職者が参加し、霊的熱気に溢れた。

このように淀橋教会から始まったリバイバルは、日本の純福音派・聖潔派の諸教会にも及んでいった。中田はこのリバイバルの成果として、次の五つをあげている。「信者は一変した」、「未信者は多く悔改した」、「献金が激増した」、「霊的一致が行われる」、「伝道の精神が盛んになる」である。[*9] 確かにこのリバイバルの結果、ホーリネス教会はしばらくの間多くの受洗者を獲得し、成長を遂げている。

ただ、『ホーリネス信仰の形成――日本ホーリネス教団史　第一巻』においては具体的な数字を考察しながら、次のように評価している。


「リバイバルによって一時的に多くの人々が教会に集まり、未信者が悔い改め、信徒の信仰が復興されていったが、時間の経過とともにその多くが再び教会から離れ、もとの状態へと戻っていったものと考えられる。[*10]」

実際のこの前後の教勢を見ると、リバイバルが始まる直前の一九一八年のホーリネス教会の会員数は、一六五三人であった。リバイバルが始まった一九一九年以降毎年のように受洗者は三〇〇人を超えているが、リバイバルが鎮まった一九二一年の会員数は一八二一人にとどまり、あまり増加していない。[*11] しかしこのリバイバルが、一九二〇年代中ごろからのホーリネス教会の飛躍的な成長の土台となったことは間違いないと言えよう。

『近代日本の民衆宗教――初期ホーリネスの宗教学的研究』をまとめた池上良正は、次のように的確に指摘している。

「時の経過のなかで、熱狂的なリバイバルの雰囲気は消えていったわけではない。むしろそれはホーリネス教会の集会の標準的なスタイルになっていく。その意味で、大正のリバイバルは全国規模の超教派大会をもっていちおうの終局を迎えた、という言い方ができる一方で、むしろリバイバル的な集会がホーリネス教会の常態として定着していった、という言い方も可能である。[*12]」

大正期の再臨運動の実とも言うべきリバイバルは、その進展の中で、さらに来たるべき再臨への期待を高めるものとなっていった。池上は、そうした意味を込めて、大正のリバイバルを「期待のリバイバル」と呼んでいる。[*13]

一九二三（大正一二）年、中田の次男の羽後は、『リバイバル聖歌』を編集出版する。中田重治は以前に坂井勝次郎と協力して『リバイバル唱歌』を出版したが、羽後はそれを大幅に改訂増補した。収載された曲は二百四十曲あり、教会学校用や合唱用の曲も入っている。その中でも、「歌いつつ歩まん」（『聖歌』四九八番、『新聖歌』三二五番）や「わが罪のために」（『聖歌』六四一番、『新聖歌』五一五番）などはよく知られているものである。この聖歌集は、リバイバルの進展の中で、ホーリネス教会の諸集会のみならず、広く純福音派の集会で愛唱された。その多くは、戦後やはり彼の編集による『聖歌』に引き継がれている。

2　大正期における純福音派の急成長とその要因

日本のプロテスタント教会の歴史を眺めるとき、大正期にホーリネス教会をはじめとする純福音派の教会の成長が注目される。この要因としては、大正期に入り日本の教会の多くが組織化され、学問的になっていくなかで、全般的に固定化してきたことが挙げられる。信徒層にしても、いわゆるホワイト・カラーや学生が多く、ややもすれば信仰体験そのものも平板となり、信仰が知的・観念的なものとなっていったと言えよう。

そうした傾向の中で、純福音派は聖書の逐語霊感の確信に立って聖書の言葉をストレートに語り、生き生きとした聖霊体験を強調した。そうした伝道や信仰のあり方が、既成の教会の中にあって飽き足らない人々を引きつけるとともに、一般の庶民層にも強くアピールするものになったと思われる。『日本キリスト教史』の中で大内三郎は次のように指摘している。

『純福音派』はキリスト教徒の感情、心情を燃やし、主体的に信仰を生き生きと覚醒せしむるにあずかって大きな役割を果たした。それはどちらかというと感情的であった。それは否定できない。しかし、感情的であったために、これまでともすると、インテリ、学生、ホワイトカラーの階層に属するものがキリスト教会を占めていたが、純福音派は、その平板な知識、思想としてのキリスト教とは異なった、人間を燃え上がらせる信仰を示したのである。次に知識人が多く理論的傾向に傾いたキリスト教会にあって、感情的であったということが庶民にうったえ、それ故『純福音派』はこの階層に信仰の火の手を上げるにいたった。[*14]」

感情的な面を強調しすぎているものの、こうした指摘は確かに的を射ていると言えよう。すでに引用した『近代日本の民衆キリスト教――初期ホーリネスの宗教学的研究』は、宗教学者の立場からホーリネス教会を考察した貴重な研究書である。池上は、その序章の中で次のように指摘している。

「中産階級や知識人・学生の教養宗教という色彩の濃かった近代日本のキリスト教界にあって、初期ホーリネスの信徒には、都市の中下層の商工業者や奉公人、地方の鉱山労働者などが多く含まれていた。[*15]」

彼はそのうえで、ホーリネス教会の伝道を研究する意義について論じている。

「文化・思想・福祉・教育などの分野で近代日本の形成にはかりしれない影響力を及ぼしたキリスト教が、なぜ教会員や信徒の獲得という面では、いまも『一パーセント・クリスチャン』と揶揄《やゆ》されるような劣勢にとどまっているのか、という問題を考えるとき、多少とも庶民層への浸透に成功したとされる初期ホーリネスの特徴は注目される。[*16]」

中田は、一九二四（大正一三）年五月二九日号の『聖潔之友』において、「ホーリネス教会繁盛の秘訣」という文章を書き、十か条にわたってホーリネス教会の急成長の理由を紹介している。[*17] その中で、特に注目したいのは、聖書を神の言葉と信じ、四重の福音を強調していること、祈禱と伝道に力を注ぎ、社会事業などに関わらず伝道に専念していることをあげていることである。さらには、他の教派のように教職者に依存するのではなく、信徒が熱心に伝道することを強調している。これについては、一九二三年の年会で牧師に対して「福音使制度」が導入されたことに伴い、信徒も伝道・牧会の働きに協力できるようにと「勧士制度」が設けられ、信徒が伝道に積極的に参加できるように訓練したのである。

山森鉄直は、『日本の教会成長』において、「ホーリネス教会は一般信徒を総動員させることに最も成功した例である」と指摘し、信徒が伝道に積極的に取り組んだことをその急成長の要因としている。[*18]

ここでさらにホーリネス教会の成長の要因を考察するならば、監督である中田の群れの指導者としての傑出した統率力、大衆伝道者・説教者としての魅力をあげることができよう。米田豊は、中田重治の評伝の中で、「中田の種々相」として彼の特質をいろいろな面から紹介している。

その中から、ここでは、ホーリネス教会の成長に結びつくと思われる要因として、中田について三つの側面をあげてみたい。

まず「教会政治家」として、人を抱擁する親分肌であり、部下の才能に目をつけ、よく用いたことである。[*19]彼についての他の人々の回想の中にも、よく「われらの親父」という言い方で慕われ、多くの者たちがつき従っていったことがわかる。

次に彼自身が、「果敢な伝道者」として日本国内はもとより世界中を巡回伝道し、多くの人々を救いや献身へと導いていることである。米田はさらに、「全軍に命じて伝道させるために、霊魂狩りだとか、百万救霊運動だとかの言葉をもって、伝道の精神を鼓吹して、伝道せずにはいられないようにしている」と評している。[*20]

三番目は「説教者」としての中田の卓越した働きである。米田は、説教者としての中田を日本プロテスタント説教者のうちで、十指に数えられる一人であると高く評価している。その説教ぶりは、「壇上を踊るがごとく左右して、さびのある力強い声で獅子吼《しし く》し、説教の合間に独唱したりして、変幻万化を極めた」とし、その大衆的という点で、救世軍の山室軍平と似ているとしている。[*21]

渡辺善太は、『中田重治傳』の巻末の文章の中で、彼の説教について、次のように高く評している。

「カウマン・中田の宣教に特徴を与えたのは、何といっても、中田師の説教――ひいてはその人柄であった。非常に雄弁で、通俗的で、当時本当に人を動かす通俗説教をする人としては、関西に於ては河辺貞吉、関東に於てはこの人と救世軍の山室師と木村清松師とを以てその代表的説教者としたのであった。[*22]」

また、『回心とその前後』の中でも、中田の説教についてこう述懐している。

「その後五十年経った今日でも、ちょっとあれだけの説教家を多くみることはできない。説教中彼の口から飛び出す諧《かい》ぎゃく、皮肉などは、思わず聴衆をして爆笑せしめることが多かった。彼の説教は『聴衆を笑わせて、彼らが口を開いたところへ、福音を打ち込む』という話し方だった。[*23]」

このように、ホーリネス教会の大衆伝道の進展において、監督としての中田の統率力や伝道者、説教者としての力量が大きく働いていたことがわかる。

3 関東大震災の発生とその影響

なおこの時期に関東大震災が発生し、かつてない大被害がもたらされている。この大震災は一九二三（大正一二）年九月一日午前一一時五八分に起き、地震の規模は震度七、規模を示すマグニチュードは七・九と推定された。ちょうど昼食時であったので、都内の至るところで出火し、二日後にようやく鎮火した。この地震による津波が各地に襲来した。日本の心臓部とも言うべき京浜地帯は壊滅的な被害を受けた。死者行方不明者は一〇万人余、被災者は約三四〇万人という未曾有の大災害となった。キリスト教会においても、都内の教会の焼失は六〇以上、日本救世軍の本部や神田のＹＭＣＡ会館も大きな被害を受けた。ホーリネス教会においては、神田、浅草、本所、下谷、深川、横浜などが焼失する。

聖書学院の被害は屋根瓦が取れたり、壁が破損したりした程度の軽微なものであった。聖書学院の建物はクリスチャンの罹災者の避難所となり、五〇名ほどの男女が寄宿した。学院の寮も開放された。このとき中田は、信徒を訪問したり、救援活動のための募金にも率先してあたったりしている。救援のために地方のホーリネス教会の牧師たちも上京し、救護班を組織して、物資の配布にあたっている。

なおこの大震災発生直後から、東京や横浜で社会主義者や朝鮮人が放火したり、暴動を起こしたりしているとのデマが広がった。恐怖におののいた民衆は、これらのデマに惑わされ、各地で自警団を組織し、官憲と一緒になって多数の朝鮮人や中国人を虐殺した。

関東大震災後の朝鮮人虐殺の人数については、それに関する文献や資料によって、かなりの差がある。少ないものでは六六〇〇人余、多いものでは二万三〇〇〇人余とされる。なお中国人で虐殺された人々も二〇〇人を超え、数十人の日本人も殺されたとされる。[*24]

時の内閣は、そこで治安維持令を公布して、人心の動揺や混乱を抑えた。二年後に治安維持法が公布される際、その一つの理由としてこの治安維持令を撤廃するにあたり、代わりのものが必要であるという理由づけがなされた。

この治安維持法は、その後二度にわたって改定され、厳罰化と適用の拡大化が進んだ。一九四一（昭和一六）年に改定された治安維持法によって、ホーリネス系三教会が官憲による弾圧を受けたのであった。改定に至る歴史的経緯と、「現代の治安維持法」と呼ばれる共謀罪法（テロ等組織犯罪処罰法、二〇一七年成立）との関連については、拙著『分断と排除の時代を生きる――共謀罪成立後の日本、トランプ政権とアメリカの福音派』の第一部を参照していただきたい。[*25]

注

1　宇田進・鈴木昌・蔦田公義・鍋谷堯爾・橋本龍三・山口昇編『新キリスト教辞典』いのちのことば社、一九九一年、六二八頁
2　同書、六三〇頁
3　中村敏『日本キリスト教宣教史』いのちのことば社、二〇〇九年、一六六～一六七頁
4　閔庚培著、金忠一訳『韓国キリスト教会史』新教出版社、一九八一年、二二六～二二九頁
5　『聖潔之友』第六四三号、一九一九年一月三〇日、八頁
6　『聖潔之友』第六四八号、一九一九年三月六日、一頁
7　ホーリネス・バンド弾圧史刊行会編『ホーリネス・バンドの軌跡――リバイバルとキリスト教弾圧』新教

出版社、一九八三年、二三～二五頁
8 柘植不知人については、自叙伝である『神の僕の生涯　ペンテコステの前後』（キリスト伝道会「活水の群」発行、二〇一三年復刻版）を参照
9 『聖潔之友』第七〇三号、一九二〇年三月二五日、一頁
10 日本ホーリネス教団歴史編纂委員会編『ホーリネス信仰の形成――日本ホーリネス教団史　第一巻』日本ホーリネス教団、二〇一〇年、四一二頁
11 同書、四一一頁
12 池上良正『近代日本の民衆キリスト教――初期ホーリネスの宗教学的考察』東北大学出版会、二〇〇六年、二二一頁
13 同書、二〇三、二二四頁
14 海老沢有道・大内三郎『日本キリスト教史』日本基督教団出版局、一九七〇年、四五二頁
15 『近代日本の民衆キリスト教』八頁
16 同頁
17 『聖潔之友』第九〇四号、一九二四年五月二九日、一頁
18 山森鉄直『日本の教会成長』いのちのことば社、一九八五年、一八四頁
19 中田重治『主の祈りと主の再臨――日本宣教選書⑥』教文館、一九六〇年、一二四～一二五頁
20 同書、一二六頁
21 同書、一二七頁
22 米田勇『中田重治傳』中田重治伝刊行会、一九五九年、五五〇頁
23 渡辺善太「回心とその前後」、『渡辺善太全集　第五巻』キリスト新聞社、一九六六年、二八頁
24 姜徳相・山田昭次他編『関東大震災と朝鮮人虐殺』論創社、二〇一六年、七七、八九頁。下中弘編集『日

本史大事典』平凡社、一九九三年、一〇一〇頁。なお、関東大震災と朝鮮人虐殺については、姜徳相他編『現代史資料６　関東大震災と朝鮮人』（みすず書房、一九六三年）に、様々な立場からの証言や資料がまとめられている。

25　中村敏『分断と排除の時代を生きる――共謀罪成立後の日本、トランプ政権とアメリカの福音派』いのちのことば社、二〇一八年、一三～二二、二六～三一頁

第八章　ホーリネス教会の内外発展時代（一九二五〜一九三〇年）

1　金森通倫《みちとも》の加入と百万救霊運動

この時期に金森通倫がホーリネス教会に加わり、「百万救霊運動」を提唱した。金森は熊本バンドの出身であり、同志社卒業後、日本組合基督教会の有力な指導者となり、同志社の校長までしたことのある人物である。明治期の半ばに、『日本現今之基督教並ニ将来之基督教』を著し、自由主義神学への転向を公にした。その後、信仰を失って組合教会を去り、実業界に入り、貯金の勧めなどをして全国を巡回していた。そして、夫人の死を通して信仰を回復し、日本救世軍で活躍した後、一九二七（昭和二）年にホーリネス教会に加わった。そのとき金森は七十一歳であった。

「百万救霊運動」のころの金森通倫

金森は日本全国の教化を目指すうえで、目覚ましい勢いで成長していたホーリネス教会を選んだ。『回顧録——金森通倫自伝』の中で、なぜ「世間から頑迷派として別物視されて居るホーリネス教会」を選んだかについて、二つの理由をあげている。一つは聖書信仰である。日本のキリスト教会の中で聖書の完全無謬を堅く守る教会が少ないなかで、「ホーリネスの一派だけはバイブルの完全無謬を固守して居る。この点においてはホーリネスの信仰は私の信仰と全く一致して居たのである」と言い切っている。そしてもう一つの理由は、中田重治という「監督のもとに命令一下全軍を動かすことが出来るというホーリネス教会」が、百万救霊運動という自分の大望に最も適しているというものであった。[*1]

金森は当時の日本のキリスト教界においては著名人であり、中田は金森の加入を大歓迎し、彼の提唱する百万救霊運動にホーリネス教会あげて協力した。一九二七（昭和二）年、ホーリネス教会の第二回総会が開かれた。この総会の中で、「主は近し、我がホーリネス教会は極力百万救霊の完成を期す」との決議が採択された。

金森は、むかし書いた『基督教三綱領』を改訂して出版する。これはキリスト教について実にわかりやすく書かれており、小冊子ということもあって、百万部という大部数が印刷され、伝道に用いられた。これを使った伝道法は、それまでの大挙式伝道法とは異なり、一人が一人を救いに導く個人伝道方式であった。こうした伝道の展開により、ホーリネス教会の教勢がいっそう進展した。

2　ホーリネス教会の海外宣教

この時期に特筆すべきこととして、ホーリネス教会が積極的に海外宣教に乗り出したことが挙げられる。すでに明治期の末には、東洋宣教会のアメリカ人宣教師が朝鮮半島で伝道を開始していた。彼らは京城に東洋宣教会聖書学院を設立し、朝鮮人教職者の養成にあたっていた。東洋宣教会の伝道によって生み出された朝鮮人の教会は、朝鮮聖潔教会と呼ばれた。

注目すべきは、一九一〇年に日本に併合され、植民地となった朝鮮とその教会に対する中田の見解である。

彼は一九一三年八月二一日の『焰の舌』で、次のように語っている。

「摂理のうちに朝鮮国は亡《ほろ》んだ。しかし朝鮮民族は東洋平和のために何かをなす者であると思ふ。即ち彼等は平和の使者、神の福音の宣伝者として東洋各国に遣はさるゝ民であると信ずる。……予は主の榮光《さかえ》の為に朝鮮の兄弟等に警告する。我等は今同一の君主のもとに同一の政府の下に居るものである。されば飽《あく》まで忠良なる国民でなければならぬ。[*2]」

ここで中田は、朝鮮民族を東洋平和の使者であり、神の福音の宣伝者の使命があると推奨している。しかし、朝鮮が滅んで日本の植民地となったことを「神の摂理」として肯定している。それゆえに朝鮮の兄弟たちが忠良なる日本国民でなければならないと強く警告している。すなわち中田は、ここで日本による朝鮮の植民地支配を全面的に肯定し、その前提の上に朝鮮の伝道を考えているのである。

こうした対朝鮮観は、当時の日本のキリスト教界に共通に見られたものであった。日本組合基督教会の指導者である海老名弾正は、「日韓併合を祝す」という文章を自らの機関誌『新人』に載せ、これを称えている。[*3]

彼の愛弟子であり、組合教会の朝鮮伝道を大々的に推進した渡瀬常吉は、一九一三年に『朝鮮教化の急務』という冊子を出版した。この中で、次のように言って日韓併合を全面的に肯定する。

「朝鮮の併合は、日本が世界の大勢に順応した結果である。東洋の平和を永遠に保障するため、日本帝国存在の必要と同時に、朝鮮一千五百万民衆の幸福を顧念した結果である。[*4]」

さらに彼は次のように語る。

「日本と併合せられた朝鮮人として、其の最も幸福なる道行きは如何にすればよいかということを考え、多少彼らの心中には反抗心があっても、それを説暁《ときあか》して日本国民として立つの覚悟に到達せしめねばならぬ。此れは朝鮮民族の幸福を願うの衷情《ちゅうじょう》より自然に到達すべき要点である。[*5]」

このように中田の朝鮮観は、当時のキリスト教界の指導者たちと同じ視点であったことがわかる。

一九一七（大正六）年春に、満州の撫順《ぶじゅん》でホーリネス教会による宣教が開始された。良質の石炭を産出するこの町では、以前からホーリネス教会の信徒によって集会が守られていた。この年の四月一二日の『聖潔之友』で中田は、「満州の伝道」と題する文章を発表する。

「福音に慣れつ子になり頑固になり荒地となつて居るところに伝道するよりも新開地に伝道する事は愉快な事である。殊《こと》に殖民地伝道は伝道歴史によりても証明せらる丶やうに大《おほい》に有望なるものである。我国に於ても北海道、台湾、満州等に於て著るしく効果が擧《あが》つて居る。満州には従来日本基督教会が盛んに伝道して居る。此度東洋宣教会も伝道を開始する事になり、先づ撫順炭坑のある所より始むる事になつて教役者を選定し、来月赴任する事になつて居る。[*6]」

こうして満州の撫順からホーリネス教会の伝道が開始され、日本人教職者が派遣され、新会堂も建設された。同じ年には大連でもホーリネス教会による邦人伝道が開始された。これ以降、中田はしばしば満州、朝鮮に伝道旅行をなし、各地の教会を支援している。

一九一九年は、朝鮮で三・一独立運動が起きた年である。この年にホーリネス教会は、朝鮮における在留邦人伝道を開始した。まず南部の光州で、光州ホーリネス教会が設立され、この年に中田を迎えて修養会がもたれ、盛況であったことが、『聖潔之友』に「光州通信」として掲載されている。[*7] 一九二二年には、慶尚南道の晋州でもホーリネス教会が設立される。一九二五年には、小出朋治《こいでほうじ》がホーリネス教会の鮮満部長に任命され、京城でも伝道が開始された。ただしこれらの伝道は、日本人を対象にしたものであり、朝鮮人伝道は東洋宣教会と朝鮮聖潔教会が行った。

『日本ホーリネス教団史』は、「一九二五年はホーリネス教会が、積極的に海外に目を向け出した年と考えるべきである」と指摘している。[*8] 中田はこの年に「鮮満伝道について」という文章を書き、次のように主張した。

「鮮満にある日本人に伝道せねばならぬ事に就《つい》ては誰しも感じて居る事である。……殖民地には風俗習慣の制裁が余り強くない。またこゝに居る人々は内地に居る人々よりも慰安《いあん》を求めて居るし、また概して進取的である。この意味において**殖民地の伝道は有望**である。[*9]」

このように中田は、日本の植民地における在留邦人伝道の重要性と有望さを訴えている。さらに、聖書に基づいて次のように主張した。

「使徒行伝を見ると、昔時《むかし》の使徒等は**ユダヤ人を踏石**として、他の種族にまで伝道した事が分《わか》る。鮮満にある日本人に伝道する事はやがて鮮人又は支那人に伝道する近道となる事と思はれる。早晩あらねばならぬ。我等は此意味に於て此伝道につきて多大の望を属して居るものである。[*10]」

このように彼は、植民地の邦人伝道を外国人伝道の「踏み石」と考え、満州、朝鮮の伝道を押し進め、さらには台湾や樺太にも伝道戦線を広げていった。

一九二六（大正一五）年には、台湾において在留邦人伝道を開始する。台湾でのホーリネス教会の伝道は急速な勢いで進展し、台北、花蓮港、岡山等に教会が設立され、一九三〇年当時でホーリネス教会の設置は十四教会に及んだ。注目すべきは、伝道が在留邦人だけでなく、台湾人やアミ族等の山地族にもなされ、彼らの中から伝道者が起こされていることである。

またこの年に、南米のブラジルで日系人伝道が本格的に始められた。物部赳夫《もののべたけお》が総会でブラジル開拓の任命を受け、さよこ夫人とともにサンパウロに到着して伝道を開始した。彼の生涯と、五年間にわたる、文字どおり命をかけてのブラジルでの伝道は、『わたしが共に行く――ブラジル日系宣教に命をかけた物部赳夫ストーリー』（熊田和子著）に詳しくまとめられている。[*11]現在ブラジルのホーリネス教団は、日系人教会としては最大の群れである。

その後、同じ方針のもと、ホーリネス教会は、上海やシンガポールにも進出する。

この時期のホーリネス教会は、多くの外国人留学生を積極的に受け入れ、彼らを聖書学院で教育・訓練し、その民族の伝道のために送り出している。その中には、台湾の山地族の青年たち、南洋のパラオ島の青年、ロシア人、ブラジル人などがいる。『目で見るホーリネス・バンド』によると、大正から昭和の初期にかけての聖書学院の在校生の写真では、非常に国際色豊かなものである。[*12]

一九二二年には、北海道のアイヌ民族の青年であるシアンレク（日本名は江賀寅三）が聖書学院で学んでいる。彼は、一九二七年にホーリネス教会に加入し、アイヌ伝道の任命を受けた。その後、道内各地や樺太などで伝道し、後の分離事件では中田側につき、きよめ教会に属した。戦後もアイヌ伝道に尽力している。[*13]

ここで南洋のパラオ島の伝道について触れてみたい。一九二八（昭和三）年に、第一次世界大戦後日本の委任統治領となっていた南洋のパラオ島から、ガテトロゲル（日本名は鵞亭清《がていきよし》）という島民が聖書学院に入学した。彼は学びを終えた後、一九三〇年に伝道のために帰島する。そして金森通倫の『キリスト教三綱領』をパラオ語に翻訳し、印刷した。帰島の際は、一宮政吉が伝道のために同行した。中田は「南洋伝道の開始」と題する文章を発表し、鵞亭清と一宮の出発を紹介した後、次のように語っている。

「南洋伝道は小さい仕事である。しかし日本ホーリネス人にとって良い腕試しである。いったい日本人が新付きの民族を果たして同化していけるかどうかは、多くの殖民地をもっている諸外国人が目を見はっているところのものである。南洋伝道も日本のキリスト者は、はたして宣教師であるかいなかの試金石である。[*14]」

1932年ころの国際色豊かな聖書学院

こうして中田は南洋の島民の日本民族への同化を前提としたうえで、宣教の試金石として積極的に受けとめ、そのための祈りと支援を訴えている。

このようにホーリネス教会の海外伝道に対する取り組みに関しては、やはり監督である中田重治に負うところが非常に大きいと言える。『ホーリネス信仰の形成――日本ホーリネス教団史　第一巻』は、この点について、「日本が占領した殖民地に対して積極的な伝道を進めていった大きな要因の一つとして、中田が持っていた国粋主義的な志向があったものと思われる」と指摘している。[*15] 中田はもともとメソヂスト教会の出身であり、その指導者である本多庸一は、東奥義塾、東京英和学校を通じての中田の恩師であり、彼に多大の感化を及ぼしている。この本多の愛国主義的な体質を中田が強く受け継いだと考えられる。

一九三一（昭和六）年九月満州事変が勃発し、日本は中国とのいわゆる十五年戦争に突入した。そして一九三二年には、満州国の建国が宣言され、「五族共栄・王道楽土」の国策としてのスローガンのもと、多くの日本人が満州に移住する。

中田は、この満州国建国の年に、さっそく「満蒙へ進出せよ」や「満蒙伝道の急務」を『きよめの友』に書いて檄を飛ばし、信徒たちに積極的に満州への移住と伝道を呼びかけている。[*16] それまでの政治には関与しないという建前とは裏腹に、事実上国策追従の伝道を積極的に展開していくのであった。

このように再臨運動と大正期のリバイバルを通し、大正期から昭和初期にかけて、ホーリネス教会は内外ともに大きく発展した。

3　ホーリネス教会の福音使制度の導入と自立問題

宣教が急速に拡大するに伴い、日本の各地にホーリネス教会が設立され、海外にも宣教師をどんどん派遣するようになっていった。宣教地の拡大により当然ながら、牧師の不足が深刻な課題となってきた。そこで中田が考えたのが、福音使制度の導入であった。彼は一九二三（大正一二）年の年会において、それまで用いてきた「牧師」という呼び名を改め、「福音使」と呼ぶことを提案し、決議された。従来は一教会一牧師という体制をとっていたが、これ以後、一人の牧師が複数の教会を伝道・牧会することを可能にした。これは慢性的な牧師不足の解消を目指したものである。同時に、やがて来たるべき、教会の自給化の課題を見据えたものでもあった。[*17]

一九二八（昭和三）年四月に、ホーリネス教会の第十年会が開催された。この席上で中田は、「今日重大なる事を述べる」と前置きして、重要な監督訓示を行った。それはそれまで受けていた東洋宣教会からの補助を一切受けず、完全に自立するという宣言であった。この経緯として、中田は年会直前に上海の東洋宣教会の本部を訪問し、東洋宣教会の財政事情が非常に厳しいことを聞かされ、総理のキルボルンより日本のホーリネス教会の自給を要請されたことがある。中田はこの要請を受けて、完全自給を決断し、年会で宣言したのであった。そして、それに合わせ、月給制度の全廃、牧師（福音使）の無月給制度の導入を宣言した。

中田は、これによって「ただ神のみを見上げて生活するのである」と勧め、この制度に納得できない者はホーリネス教会の教職を辞するように促している。[*18]

この決死とも言うべき中田の宣言に、年会からは異論なく、了承されている。そしてこれに合わせ、信徒会では従来の献金に対して二割以上の増額を期することを決議し、中田の決断を支持している。こうしてホーリネス教会は、財政的に東洋宣教会から完全に自立したのである。ところが実際には、現状を無視した急速な自立は困難を伴い、多くの福音使の家計にそのしわよせが出てきて、家族に犠牲も生じている。それにもかかわらず、年会の席上で中田の提案に異論や反発は見られなかった。これについて、池上良正は注目すべき指摘をその著書でなしている。

「終末のリバイバルを待望する彼らにとって、日々の生活費への不満などが口に出されることはなかった、ということだろうか。それとも、圧倒的な支配力をもった監督の発言に逆らうことなど、もはや不可能な雰囲気が充満していたためだろうか。たしかに、この無給制という、いわばみずからを崖っぷちに追い込むような決断を経て、教会員たちのリバイバルへの願望はいっそう強められたようである。[*19]」

これを裏づけるように、中田は自給宣言後の『きよめの友』の冒頭に、「大リバイバルが起こって霊魂さえすくわれさえすれば、生活問題など自然と解決せられるるのである」、「これ〔筆者注＝無給制度〕はリバイバルの始めである」と強調している。[*20]こうした状況で、中田自身もそれまで受けていた月額二〇〇円の監督給を辞退し、聖書学院で修養生とともに食事をとっている。

この年会の後、毎年五月一日はホーリネス教会全自給記念日と定められ、その日の献金を本部に送ることとなった。この年の六月一四日付の『きよめの友』で、中田は教会を「祈りの家」と改称するように指示した。[*21]これは、「我が家は祈りの家ととなえらるべし」（イザヤ五六・六〜八）の聖句にちなんだもので、地名の下にこの名称を用いることとなった。同じ号に「祈禱の行者たれ」との文章も載せ、伝道者は同時に祈禱の人であるとされた。

そうして、再臨信仰がその絶頂に達した昭和のリバイバルは、この二年後に起こったのであった。『中田重治とホーリネス信仰の形成』を著した芦田道夫は、東洋宣教会からの経済的自立と昭和のリバイバルおよび再臨信仰の待望との関わりについて、次のように適切に指摘している。


「東洋宣教会からの援助を排して全教会自給に踏み出すという経済的危機感は、中田とホーリネス教会の全信徒に真剣・熱烈な祈りを引き起こす要因となった。そしてそれは容易にキリスト再臨の切迫というもう一つの危機感と感情的に結びつくものであった。[*22]」

4　宗教法案とホーリネス教会

日本政府は明治以来、宗教団体が国民に対して大きな影響力を持っていることを十分承知しており、宗教界を統制下に置くことを常に目指してきた。最初の宗教法案は一八九八（明治三一）年に国会に提出されたが、仏教界の反対が強く、否決された。以後、一九二七年と一九二九年にも国会に提出されたが、やはり反対論が強く廃案となった。いずれも神社を非宗教扱いとし、それ以外の宗教を国家の統制下に置くことを目指したものであった。

ホーリネス教会は、こうした宗教法案に対して、他のキリスト教会と協力して反対運動を行った。特に一九二九年の宗教団体法案提出に対しては、他の教派の代表者とともに中田が反対演説を行っている。このときの法案に対して、日本メソヂスト教会が条件付き賛成の意向を示しており、キリスト教各派の足並みが乱れた。

ところが一九三九（昭和一四）年に宗教団体法が提出されると、日中戦争が始まり、非常時体制が進んでいるなかで、さしたる反対もなく成立してしまった。この法律は三十七か条からなり、宗教団体の設立に関しては文部大臣の認可を必要として、その宗教活動が安寧秩序を妨げたり、臣民の義務に背くとみなされたときは、認可を取り消され、業務が停止されることとなっている。宗教団体の管長や教団統理者には大きな権限が与えられ、その任免権は文部大臣が握っていた。そして国家神道は宗教ではないとして、この法の外に置かれていた。

このときホーリネス教会は、すでに二つに分離しており、双方の機関誌に、この法案に関する記事はほとんど見られない。

そして、この宗教団体法と一九四一年に改定された治安維持法によって、ホーリネス系教会や他の宗教団体に対する宗教弾圧が行われたのであった。

5　『新契約聖書（永井直治訳）』と日本聖書会社への支援

大正期以降、日本のプロテスタント教会で広く用いられてきた日本語聖書は、いわゆる『大正改訳聖書（通称「文語訳聖書」）』であり、ホーリネス教会もこれを使用した。この聖書は、旧約聖書は明治中期に翻訳出版された『明治元訳』のままであり、新約聖書のみが一九一七（大正六）年に改訳・出版された。この新約聖書翻訳は、ネストレ校訂本をもとに、原文に忠実であることを重んじつつ、日本文として平易でありながら、格調を保つことを目指したものである。この聖書は、一九五四（昭和二九）年に口語訳聖書ができるまで広く用いられ、今なお愛用している人々がいるほどである。
しかし中田重治は、この大正の改訳聖書を「あきたらぬところがあり、どこも権威がないようにも感ぜら る」として不満を表明し、ホーリネス教会として元訳聖書を使用することを言明している。[*23]
同様にこの大正改訳新約聖書の訳語に対して不満を抱き、独力でギリシャ語原典から翻訳し、出版したのが日本基督教会浅草教会牧師の永井直治であった。永井は当初、日本聖書協会発行の新約聖書の訳語の不満な部分だけを訂正して世に問うつもりであった。しかしその企てが無理であることがわかり、独力で新約聖書の翻訳を開始した。翻訳にあたっては、ステファヌス校訂本を底本としたが、その後の改訂においてはネストレ版や他のテキストも参考にした。彼は、ギリシャ語原典の香りをできるかぎりそのまま日本語に移そうと非常な努力を重ねた。彼の用いた訳語は少し難解な文語訳となり、最初『新契約聖書』として自費出版したとき、その評価は賛否両論であった。[*24]
この聖書を評価し、推奨したのが中田重治、内村鑑三、尾島真治《おじまさねはる》（日本基督教会渋谷教会牧師で、日本基督会の創立者）であった。特に中田はこの翻訳聖書の普及のために、ホーリネス教会の信徒にも協力を呼びかけ、その発行元としての「日本聖書会社」の設立に尽力した。その結果、一九二八（昭和三）年に自費出版ではなく、一冊五〇銭で入手できる廉価版が発行された。この廉価版は緑色のクロス製で、永井の本意ではなかったが、読者の便宜を図ってルビ付きで発売された。
中田は、昭和初期のリバイバルが続く一九三二（昭和七）年、「日本聖書会社の創立」という文章を機関誌で発表し、新契約聖書を大いに推奨し、日本聖書会社への支援を訴えている。その出版の意義を次のように語り、その翻訳を高く評価している。

「時なるかな、世界無比の翻訳なる永井氏の新契約聖書が生まれ出た。しかも外資によらず、純粋にきっすいの日本人の手によりて出版されたのである。それは読めば読むほど、味わえば味わうほど、その真価がわかるという重宝無類の本である。[*25]」

彼は、このように「重宝無類の本」とこの翻訳を激賞している。しかしその前の文章で、それまでの日本語聖書が英米の聖書会社の手で発行され続けてきたことに触れ、「いつまでも日本キリスト者の常食である聖書をば外国の名で出版せねばならぬとはどうしたことだろう」と疑問を投げかけている。それに対して、この新契約聖書は、「外資によらず、純粋にきっすいの日本人の手によりて出版されたのである」と彼の愛国主義からの評価をもうかがわせている。[*26]

さらにこの翻訳と日本聖書会社の将来について、次のように勧めている。

「この会社はいまのところ、きわめて少資本で始めるのであるが、将来に対して大抱負をもっているものである。新契約聖書が日本全国に広がり、ついには外国語に翻訳せらるるようになる時が早晩来るに相違ない。その時には、日本聖書会社の使命が、日いずる国の天使の使命（黙示録七章）とともに世界的となるのである。[*27]」

このように、中田はこの聖書が日本のみならず世界に普及し、日本聖書会社が躍進することが、持論である「日本（日いずる国の天使）」の世界的使命の達成に結びついていくと主張するのである。

この聖書は、監督である中田の強く推奨することもあって、ホーリネス教会では、元訳を定本としながらも、信徒に愛用された。[*28] 一つの教派教会にとって、どの聖書を使用するかは重要な課題であるが、こうした個人訳の聖書の出版に尽力し、群れの人々にその使用を推奨した点に、彼の愛国主義と群れに対する絶対的な影響力がうかがえる。

なおこの『新契約聖書』は、中田の期待に反してその使用は広まらず、今日においては日本基督会でのみ使用されている。

注

1 金森通倫著、金森太郎編、濱潔改訂『回顧録――金森通倫自伝』アイディア出版部、二〇〇六年、二六六～二七〇頁
2 『焔の舌』三五九号、一九一三年八月二一日、一頁。ただし『中田重治全集　第七巻』においては、「摂理のうちに朝鮮国は滅んだ」という文章は削除されている。
3 小川圭治・池明観編「日韓併合を祝す」、『日韓キリスト教関係史資料』新教出版社、一九八四年、三五七～四二二頁
4 渡瀬常吉『朝鮮教化の急務』警醒社、一九一三年、三～四頁
5 同書、七頁
6 『聖潔之友』第五四九号、一九一七年四月一二日、一頁
7 同誌、第六六六号、一九一九年七月一〇日、八頁
8 山崎鷲夫・千代崎秀雄『日本ホーリネス教団史』日本ホーリネス教団、一九七〇年、八三頁
9 『きよめの友』第九四七号、一九二五年三月二六日、一頁
10 同頁

11　熊田和子『わたしが共に行く』一粒社、二〇〇四年
12　ホーリネス・バンドの軌跡刊行委員会編『目で見るホーリネス・バンド――リバイバルと弾圧』ホーリネス・バンドの軌跡刊行委員会刊行、一九八五年、一三～一四頁
13　『ホーリネス信仰の形成――日本ホーリネス教団史　第一巻』日本ホーリネス教団、二〇一〇年、五六五～五六九頁
14　米田勇編著『中田重治全集　第七巻』中田重治全集刊行会、一九七四年、四八七頁
15　『ホーリネス信仰の形成――日本ホーリネス教団史　第一巻』四三九頁
16　『きよめの友』第一三〇二号、一九三二年一月一四日、一頁。同誌、第一三二二号、一九三二年六月二日、一頁
17　『ホーリネス信仰の形成――日本ホーリネス教団史　第一巻』四六七、四七七頁
18　『きよめの友』第一一〇九号、一九二八年五月三日、一頁
19　池上良正『近代日本の民衆キリスト教――初期ホーリネスの宗教学的考察』東北大学出版会、二〇〇六年、二三三頁
20　『きよめの友』第一一〇九号、一九二八年五月三日、一頁
21　同誌、第一一一五号、一九二八年六月一四日
22　芦田道夫『中田重治とホーリネス信仰の形成』福音文書刊行会、二〇〇七年、一〇九頁
23　米田勇編『中田重治全集　第七巻』中田重治全集刊行会、一九七四年、三五五～三五六頁
24　日本キリスト教歴史大事典編集委員会編『日本キリスト教歴史大事典』教文館、一九八八年）六九七、九七三頁。米田勇著『中田重治傳』中田重治伝刊行会、一九五九年、四三六頁
25　米田勇編『中田重治全集　第六巻』中田重治全集刊行会、一九七五年、三七五頁
26　同書、三七五頁

27 同書、三七五〜三七六頁
28 『中田重治傳』四三七頁

第九章　昭和初期のリバイバル（一九三〇〜一九三三年）

1　昭和初期の日本とキリスト教界

昭和初期は、ニューヨークのウォール街から始まった世界大恐慌（一九二九年）や「満州事変」（一九三一年九月勃発）等に代表される内外の不安定な社会情勢が続き、アジア・太平洋戦争へと突入していく前段階であった。こうした時代の中で、日本基督教連盟に加盟する諸教会は、賀川豊彦の提唱する「神の国運動」（一九三〇〜三四年）に取り組んだ。

一九三〇年から二期五年間にわたって行われたこの全国的な運動は、「祈れよ、捧げよ、働けよ」を標語とし、魂の救いと同時に生活の解放を目指していた。とりわけ、それまで教会の活動の伝道活動において、あまり陽の当たらなかった労働者・農民に目を向けていた。[*1]

この神の国運動には、各教派の教会九百四十一が参加し、多くのキリスト教諸団体が協力した。ここに大正期の「全国協同伝道」を上回る日本福音宣教史上最大の組織的伝道が展開された。一九三〇年から三二年に至る第一期においては、全体で聴衆は百万人を超えたと考えられ、約四万五千人の求道者を獲得した。一期終了後、さらに二期二か年の計画が実施された。しかし次第に非常時体制の圧力が強まっていくなかで、次第に教育的伝道に変わっていった。着眼点としては、従来の伝道の反省点を踏まえて、きわめて注目すべき視点を持っていた。しかし結果的には、ごく一部を除いては、日本の教会が労働者や農民・漁民層と結ばれるには至らなかったと言えよう。[*2]

2　ホーリネス教会のリバイバル

一方ホーリネス教会においては、この時期に大正期を超えるリバイバルが起きる。このリバイバルは一九三〇（昭和五）年に始まり、三三年に頂点に達したが、その結果として同教会に分離をもたらしてしまった。一九三〇年五月一九日、当時新宿の柏木にあったホーリネス教会の聖書学院で、リバイバルが起こった。その導火線としては、リバイバルを待望していた聖書学院の教師、学生たちの熱烈な祈りが挙げられる。このリバイバルの始まりとなった祈禱会の様子は、この集会の司会をしていた教師の一宮政吉の自叙伝『焰の人』によれば、次のようである。

「一九三〇年五月一九日の夕べであった。天からの火が降った。聖書学院の学生男女約七〇名が学院の日常の祈禱会のためカウマン・ホールに集っていた。……私が司会しておりリバイバルのため祈るよう話しした。私は端的に主が近づいているから、また一方、敵らは神がいづこにいるのか等と嘲笑しているから、リバイバルのため祈らなければならないと話した。

私が話し終えると彼らは非常に激しく聖霊の火を求めはじめた。その雰囲気は祈の霊で濃厚にみなぎり、神の御心で大気が充電されたかのようであった。男女の学生達が力強いリバイバルのため数カ月殊に熱心に心から祈ってきた。そして遂にこの夕べ彼らの祈りは天の扉を打ち叩きしかもそれは開かれた。祈りの最中誰かが叫んだ。『ああ、遂に来た！　遂に来た！』　彼はとび上り広い会堂を躍りまわり始めた。すると、また誰かが叫んだ。『私は解った！　私は解った！』　そして同じように振る舞うのだった。間もなく会堂は讃美の叫びと歌で充満した。男女の青年達は別々に会堂の中を躍りまわった。私は司会をしていたがもう何もすることができなかった。我々の祈りに答えて日本にリバイバルがやってきたのだ！」[*3]

大正期のリバイバルの時と同様この時も、監督であり聖書学院長の中田は出張中で不在であった。不在の中田に代わり、監督夫人であり聖書学院女子寮舎監として修養生に強い感化を及ぼしていた中田あやめの強いリーダーシップが指摘されている。このとき修養生であった半田晴信は五月二〇日の朝の様子について、次のように報告している。

「午前五時半、男子早天祈禱会が昨晩の教室の裏手にある畳敷祈禱室にて開かれ、朝食のベルの鳴るまで三十分ばかり、熱烈なる祈りが捧げられた。やがて廊下伝いに食堂に行き、男女修養生共に食事し、食後の感謝についで家拝が始まった。監督夫人が聖言を取り次がれ、一同は水を打ったかの如く静かに聞いていたが、やがて祈りに移ったその瞬間に爆発《リバイバル》は起こった。しばらくすると祈りが踊りとなった。踊っているうちにテーブル、椅子が片づけられ、場所が広くなった。男子組は互いに組み合いつ抱き合いつして歌い踊っていたが、遂にあの堅牢な食堂入口の床板が、一間半四方ばかり、ドスーンと落ちてしまった。[*4]」

もう一人のリバイバルの証言者として、その場にいた教師の米田豊は次のように伝えている。五月二九日発行の『きよめの友』に掲載した題は、「火が燃えだした」である。彼はそのとき男子寮の舎監をしており、二〇日の朝になって修養生に呼び出され、駆けつけて見た光景が次のようなものであった。

「食後早速行つて見ると驚いた。ペンテコステの日に弟子等が聖霊に満された時、葡萄酒に酔されたのだと人々から思はれたといふのは成程と思はれるばかり、聖書学院のカウマンホールは今しも天来の葡萄酒の大饗宴最中である。真剣な祈禱、懸命な讃美でホールが唸つて居るといはうか、渦巻いて居るといはうか。……一宮兄弟が簡単な勧をして又祈り出す。又しても場内一斉に祈禱の爆発。皆の口から力ある祈禱の言が其から其と口を衝《つ》いて出で、何時迄経つても祈り止むといふ事がない。

▲又ラッパが吹かれる、皆が一緒に勇しく歌う。……今度は此火が此処から先づ東京の各教会に燃移らねばならぬからとて、各教会の為に皆一斉に祈る。……今我等の学院は燃えて居る。願くはモット〳〵個人の魂に底深く燃え込み、此火が各教会内部に又其伝道に燃え広がり、か丶る霊の火が日本の否世界の各所に起り、末の世の大リバイバルの起らん事を。[*5]」

中田は満州に出張中であった。その最大の目的は、満州の安東で起こった神社問題にからむホーリネス教会の信徒への迫害について対処するためであった。[*6] しかし結果としては、この問題に対する有効な対処ができないまま、東京のリバイバルの知らせを聞き、急遽帰国している。日曜日の朝、聖書学院の教師、学生から歓呼の声で熱狂的に迎えられた中田はさっそく説教し、リバイバル運動の先頭に立った。

初代教会におけるペンテコステの聖霊降臨を思わせる集会の熱気は、聖書学院の教師、学生を通して、都内の教会はもとより、やがて全国のホーリネス教会へと燃え広がっていった。

この年の一〇月に、「聖霊の言える如くせよ」の標語のもとに、全国リバイバル大会が開催された。集会の中で「聖霊の言える如くせよ」（中田重治作詞、聖歌四一四番「おもにをおいて」、新聖歌一八一番）や「ろばのあぎとぼね」（中田重治作詞、聖歌七一九番「人にすてられて」、新聖歌三八〇番）が盛んに歌われた。この集会には、ホーリネス教会の教職・信徒だけでなく、日本自由メソヂスト教会、日本ナザレン教会、日本伝道隊、日本アライアンス教会、日本同盟基督協会、救世軍などの教職・神学生・信徒も出席し、画期的な超教派のリバイバル大会となり、いっそうリバイバルは広がっていった。

翌一九三一年は、さらにリバイバルが進展した年であった。聖書学院の構内には五千人を収容できる大天幕が張られ、リバイバル大会に備えられた。この年のリバイバル大会は、「われ黎明を呼びさまさん」を標語とし、日本全国だけでなく、海外からも教職・信徒が参加した。「さめよひはちかし（聖歌一八四番、新聖歌一四七番）がこの大会でよく歌われ、「主は近し」と再臨がそれまでになく強調された。こうしたリバイバル大会に、日本基督教会や日本組合基督教会や日本メソヂスト教会という、いわゆる主流派教会からも個人的な参加が見られた。しかしこのリバイバルは、そうした教会をも巻き込むものとはならず、あくまでホーリネス教会を中心とする純福音派・聖潔派における広がりにとどまっている。

1932年4月のホーリネス大会天幕集会（聖書学院校庭）

このようにリバイバル気運が高揚していくなかで、再臨待望の熱気はいよいよエスカレートしていった。一九三二年を経て、一九三三年に入ると、まさに再臨直前の異様とも言うべき熱気をはらむようになっていった。このリバイバルを通して、ホーリネス教会は大きな成長を遂げている。

この昭和のリバイバルの前後に、他の団体からホーリネス教会に加入した人々も少なくない。金森通倫（一九二七年加入）についてはすでに記したが、日本伝道隊から大江邦治が一九二八年に加入し、聖書学院で教鞭を執った。また木田文治が、一九三二年その牧する岡山ヱホバの教会とともに加入し、彼も聖書学院で教鞭を執り、分離の際は中田監督側についた。さらには、安藤仲市がその牧会する須磨教会とともに一九三三年に加入した。安藤も分離事件の際は中田側につき、満州で伝道した。戦後は日本同盟基督教団の再建に加わり、福音派の指導者としても活躍した。

3　神社参拝問題とホーリネス教会

リバイバルが進展する一方で、この時期に神社参拝問題が深刻なものとなっていた。リバイバルの年である一九三〇（昭和五）年のホーリネス教会の年会で、「神社問題に対する建議案」が上程された。このことが大きな問題となっていたからである。

このときの建議案は、「日本ホーリネス教会は、神社を一つの宗教と認む」というものである。中田はこれについてこう語っている。

「近来キリスト教会中にすら、神社を参拝し、祖先崇拝をとなえている者もある。我等は先の宗教法案の時のように、キリスト教会全体の行動に間隙《かんげき》を与えたくないと思うのである。我が教会はいつでも直接行動している。若し我等だけでもやってのける覚悟である。……神社は宗教にあらずと文部省の社寺局より別離したが、神社ほど宗教的なものはない。その生活に宗教的関係を与える点に於て、幼稚なれど深いものである。宗教であるけれども宗教でない、などとあいまいなことを言っておるけれど明白な事実である。[*7]」

このように中田は、神社問題に対しては偶像崇拝の観点から厳しく批判した。

この年の五月二八日には、ホーリネス教会を含む日本のプロテスタント教会の大部分は連名で、神社制度調査会宛に「神社問題に関する進言」を提出した。それによると、「神社は素々《もともと》宗教たるべきものを斯く非宗教的に取扱ひたる処に無理があつて」と指摘し、「神社の宗教的崇敬を奨励し、或は之を強制するに至つて神社非宗教の政策と矛盾を来し、又時に信教自由に関する帝国憲法にさへ抵触するの虞《おそれ》がある」と批判している。[*8]

しかしこの進言においては、「此際神社に関する本質的の調査研究を遂げ、神社は宗教なりや否やの問題を明白に解決せられ」ることを、この調査会に委ねたことが問題であった。この結果、戦時下時局の進展もあり、各団体の神社問題への対応は不徹底ないし、妥協的なものとなっていった。そしてアジア・太平洋戦争が始まり、軍国主義一色のもと、その行き着いた先が、一九四一年成立した日本基督教団の統理富田満による伊勢神宮参拝であった。なお富田は、一九三八年日本基督教会の大会議長として渡韓し、朝鮮の教会に神社参拝を勧めている。

そうした中で、ホーリネス教会は中田の主張のもと、神社は宗教であるとの立場を守り、キリスト者の神社参拝を絶対に認めない立場を取り続けた。その結果当然ながら、日本の内外でホーリネス教会の牧師、信徒が迫害され、苦闘している。特に一九三〇年代にこうした事件が頻発した。

ここで取り上げたいのは、一九三〇年に起きた満州南部の安東の女学校で起きた事件である。この安東高等女学校に通うホーリネス信者の生徒五名が神社参拝を拒否したことが事の発端であった。生徒らを説得できなかった学校は、彼女らを無期停学処分にした。これに対して安東ホーリネス教会の福音使である吉持久雄が新聞に公開抗議文を出すと、父兄や町内会や関東庁までがホーリネス教会に反対し、教会は家主から立ち退きを要求される事態となった。その結果、教会は同教会信徒の朝鮮人所有の旅館に移転を強いられるなどの事態となった。

この問題が起きた女学校の校長は日本基督教会所属の信徒であり、その教会の牧師は、同派の機関誌である『福音新報』に、この事件の原因をホーリネス教会の偏狭な信仰に求める記事を書いている。[*9]

ちょうどこのとき中田は、この問題の解決のために満州を訪問し、満鉄理事に面会するなどしたが、打開することはできなかった。そうしたなかで、聖書学院でリバイバルが起きたとの報が届き、直ちに帰国し、リバイバル運動の先頭に立つのであった。

その後この事件については、この地域を所轄する関東庁より吉持福音使を転任させるようホーリネス教会本部に要請が来たが、中田はこれを拒否している。そして中田の機関誌におけるアピールによって、翌年自前の会堂を新築し、その後も安東でホーリネス教会は宣教活動を続けている。

この後も各地で同じような事件が、日本国内のホーリネス教会所属の信徒において起きた。それに対し、中田は「妥協は大禁物」として神社参拝拒否を主張し続けた。[*10]

しかしリバイバルとその後の分離事件以降、機関誌で神社問題を取り上げることは激減し、むしろ民族主義的方向に傾いていき、神社問題には全く触れなくなってしまった。

4　聖書信仰連盟の設立

一九三三（昭和八）年一月、「聖書信仰連盟」が大阪の自由メソヂスト神学校（戦後の大阪基督教短期大学）で設立された。これは、「聖書を悉く神の言なりと信ずる聖潔派の諸団体及び単立教会」によって組織された。[*11] 当時のリバイバルの進展の中で、日本ホーリネス教会、日本ナザレン教会、日本自由メソヂスト教会をはじめとする聖潔派の諸教会によって設立されたものである。規約の「第三条目的」では、「聖書信仰の普及の為に協力一致する事」と、「聖書信仰に影響するが如き宗教的、道徳的又は社会的諸問題に関し、協議の上一致の行動をとること」が謳われた。[*12]

この席上で中田が理事長に選ばれる。聖書信仰に立つ純福音派の連合団体として期待されたが、この年の秋に起きたホーリネス教会の分裂事件の混乱により、実質的な働きをすることなしに休止状態になってしまった。

注

1　中村敏『日本キリスト教宣教史』いのちのことば社、二〇〇九年、二二七頁
2　同書、二二八頁
3　一宮政吉『焔の人――一宮政吉自叙伝』日本基督教団天門発行、一九七五年、九三～九四頁
4　ホーリネス・バンド弾圧刊行会『ホーリネス・バンドの軌跡――リバイバルとキリスト教弾圧』新教出版

社、一九八三年、四一頁
5 『きよめの友』第一二一七号、一九三〇年五月二一日、七頁
6 『ホーリネス信仰の形成――日本ホーリネス教団史第一巻』五八八～五九〇頁
7 米田勇『中田重治傳』中田重治伝刊行会、一九五九年、四二〇頁
8 『きよめの友』第一二一九号、一九三〇年六月一二日、三頁
9 戸村政博編『神社問題とキリスト教――日本近代キリスト教資料1』新教出版社、一九七六年、二三五～二三六頁
10 『きよめの友』第一二二〇号、一九三〇年六月一九日、一頁
11 『中田重治傳』四五一～四五二頁
12 同書、四五二頁

第一〇章　リバイバルの脱線から分離へ（一九三三〜一九三六年）

この章では、ホーリネス教会の分離問題を扱う。通常の概念では「分裂」と称すべき出来事であるが、その後の調停による決着で「和協分離」という用語が定着していることと、中田側についたきよめ教会がその後「分裂」しているので、両者を区別するため、ここでは「分離」という言葉を用いていく。

1　リバイバルの行き過ぎと脱線の兆し

リバイバルが進展していくなかで、次第に行き過ぎが見られ、脱線の兆しが現れてきた。特に、監督である中田の再臨に関する論調は、激しくなり、切迫したものとなってゆき、ついに群れの分離を招くに至る。

一九三一（昭和六）年には、中田は再臨とその前のキリスト者の携挙の時が近づいており、「さらば伝道するのも、このところわずか四、五年ほどと心得て熱心に伝道せねばならぬ」と強調し、「キリストに来ていただきさえすれば、いっさいの問題が解決せられて、個人も社会も国家も、世界も神の御支配のもとに平和を楽しむようになるのである」と主張している。[*1]

さらには、こうした再臨信仰に同調できない者に対しては厳しい言葉が向けられている。

「われらは足なみをそろえて戦うことのできない人を群れに加えておくわけにはゆかない。そういう人はかえってじゃまになるばかりである。

一致ができない教役者にしても、いつまでも同伴してもよいことと一つもありはしまい。[*2]」

「われらはキリストが再臨したもう時までは楽しもうとは毛頭考えていない。されば同労者にも同信者にも、いままでとは全く違った態度と心持ちをもって、福音のために互いに苦しみを忍ぶべきである。これがいやならば、いまのうちに他教会なりどこなりと行って、少数の者だけをあとに残しておいてほしい。われらはけっして人情をもって引き止めぬ。[*3]」

これは一九三一年七月の中田の言葉であるが、すでに来たるべき分離を予期させるものがある。

こうした流れの中で、一九三二年ごろから聖書学院の寮の中で、再臨待望の熱心さのあまり、「本は藁屑だ。聖霊だけに頼るべきだ」という声が高まり、神学書を焼いたり、「再臨を祈り求める者は冬物の衣類をささげて祈るべきだ」と冬物衣類を焼き捨てるなどという行き過ぎが見られた。[*4] こうした状況については、寮の指導にあたっていた中田あやめ夫人の影響力が非常に大きかったとされる。修養生たちが本を焼いてしまったことを聞いた彼女は、「パパ〔筆者注＝中田重治のこと〕の『全き愛』は焼くことはなかった。米田先生の『新約講解』は焼いても良かった」と語り、それを聞いた者たちを唖然とさせている。[*5]

夫であり、院長であり、群れの監督である中田への尊崇の念を表した言葉ととることができるが、すでに再臨信仰におけるユダヤ人問題などで中田と意見の食い違いの見え始めていた米田豊の本なら焼いてもかまわない、という心情もよくうかがえる。

2 『聖書より見たる日本』の出版とその影響

さて、このようにリバイバルが進展していくなかで、ホーリネス教会を統率していた中田監督は、一九三二（昭和七）年の一一月末に淀橋教会でもたれた聖会で、「聖書より見たる日本」と題する六回の連続講演を行った。これを筆記したものが、翌三三年の初頭に出版された。筆記者は米田豊、尾崎喬一等であった。ここで示された中田の主張が、ホーリネス教会の分離の直接の引き金となったのである。

この書は、『中田重治全集』の第二巻に全文が収録されており、全部で十二章からなっている。この本の出版が、群れの分離の主要因となったことから、これを全集に収録するか否かについて、編集委員会の間でも論議が交わされている。しかし全集とする以上、収録すべきとなり、千代崎秀雄による解説を加えたうえで、全集に入れられたのである。[*6]

この書は、中田が以前から考えていたことを、再臨直前という切迫感の中で急いで世に問うたものである。その序文では、「救われた日本人の立場から、預言の光をもって見た日本のことについてしるしたものであって、他に類のないものである」と紹介している。この書の出版にあたっては、「深く祈り、聖霊の御指導をひたすら仰いだ」が、「所説のうちには独断的なものもある」ことを自ら認めている。[*7]

この書を読んでいくと、一九二九（昭和四）年に出版された小谷部全一郎著『日本及日本国民之起源』の影響が非常に大きいことがわかる。この小谷部という人物は、イェール大学で博士号を取った人で、組合教会の牧師もしたことがある。その後、長らくアイヌ人の教育やその教育振興のための活動をした。一九二四（大正一三）年には、奇想天外な書物である『成吉汗《ジンギスカン》ハ源義経也』を著し、賛否両論による多大の物議を醸した。『日本及日本国民之起源』の中で、小谷部はいわゆる日猶同祖論を展開し、日本人とイギリス人の中にユダヤ人の血が流れていることを論じている。[*8]

中田も自分の書の中で、「わが民族の中にはイスラエル人の血が入っている」と主張するが、その論法はこじつけとも言うべき、きわめて強引なものである。たとえば、日本の神社の構造が古代ユダヤの神殿のそれとよく似ているとか、節句の祭りのときに、よもぎや菖蒲《しょうぶ》を家の門口に垂らすのが、仮庵の祭りとよく似ているとか、よもぎ餅は苦菜を入れたパンを表すという論法である。日本で用いられている様々な言葉や地名とユダヤのそれらとの類似を論じるくだりは、考察というより単なる語呂合わせの類と言わざるを得ない。そして中田は、独特の聖書解釈を展開しながら、「わが日本民族は、主イエスの再臨と、それに関連するイスラエルの回復について使命があるということ」を強調する。日韓併合、満州支配等の一連の日本の大陸侵略を肯定し、日本が強大になることで、選民イスラエルを救うようになると主張する。そして聖書に出てくる「日のいずる国」をすべて日本にあてはめ、キリストの再臨に際しての日本の特別な使命を強調するのである。

なお、この日猶同祖論と中田との関わりについては、第Ⅱ部で詳しく論じていく。

こうした中田の考えが彼個人の見解にとどまっており、ホーリネス教会の伝統的なあり方となんとか共存できるうちは、まだ問題は決定的なものには至らなかった。しかし彼はさらにこうした主張を発展させ、キリストの再臨の時にユダヤ民族の回復がなされ、それに伴い日本民族もその祝福にあずかるであろうと主張し、もはや従来の伝道や教会形成の時ではなく、ひたすらこの新たな使命のための祈りに専心すべきであると力説するようになっていった。

一九三三（昭和八）年に入ると、再臨の切迫性を説く中田の主張はさらに声高になってくる。「今年のラッパ祭」という『きよめの友』の一月五日号掲載の巻頭の文章においては、この年の九月二一日に再臨が起こる可能性さえ示唆するに至る。彼はコリント人への手紙第一、一五章五一節、五二節の「終《をはり》の喇叭《ラッパ》」について、次のように語っている。

「此終《このおはり》のラッパなるものがユダヤのラッパ祭の時に鳴るものとすれば、別項記載のごとく、今年は九月二十一日に当るのである。……我等は今年のラッパ祭の当日に主が来り給ふとは断言せない。或は然《そう》かも知れない、然《そう》でないかも知れない。どつちみち**主の再臨が近い**と知つておく事は遅いと思ふて居るよりも福《さいわい》なる事である。されば来《きた》る九月の二十一日を一区切となして、邁進《まいしん》する事は我等の霊性にとりても奉仕にとりても大なる刺激となる事と信ずる。[*9]」

このように中田は、九月二一日に再臨の期待を込めつつ、この文章の最後に「我等は地上で新年を迎ふるのは、これが最後であって欲《ほし》い。除夜の鐘でなく、天界の元日を神のラッパを以て迎へたいものである。それが今年中であって欲い」と切に語っている。

さらに七月一七日の『きよめの友』に発表された「特選の民」という文章を読むと、再臨を待ち望む祭司としての務めに集中すべきことを指示し、来たるべき分離さえ覚悟しているかのようである。

「要するに神さまは、この時代における特選の民としてわれらを王なる祭司としての位置につかせていたもう。さればこの使命を重んじ、生命を賭してこれに集中してほしい。教会の行く末など心配せずに打ち込んでかかれ。私としては腹は定まっている。この祈禱をせぬ者が群れを去って行くことが起こってもなんとも思わない。分裂は他教会だけではない。わが群れにもこのことは行なわれると覚悟している。[10]」

そして八月一〇日に発表された「差当り解決すべき事」では、主の再臨問題はもはや議論すべきものではなく、「今明日《こんみょうにち》にも主は顕現せんとして居たもう事」として、これに備える信徒の心構えを十八項目にして具体的に並べている。すなわち、貯金・保険・学校教育・結婚問題など、日常生活のことに「憂身をやつして居られようか」というものである。貯金などは一厘たりとも残さずきれいに使い切り、会堂の建築も雨露をしのぐ程度にしておくべきであるとまで勧めている。とにかく間近に迫った再臨を信じる者にとって、こうしたことはすべて意味のない無駄な行為であると言い切っている。[11] そしてこうした状況に鑑みて、もはや従来のような個人伝道や教会形成をしている時ではなく、ひたすらキリストの再臨とユダヤ民族の回復のための祈りに専念すべきであると力説するのである。

こうした中田の主張に群れの教職・信徒は大きく感化され、通常の仕事を放棄して再臨に備える者も出てきた。再臨待望の切迫感のあまり、八月に開催された富士夏期聖会や筑波山夏期聖会では、再臨がすでに起きたと主張する声まで叫ばれ、混乱をもたらした。こうした混乱について、中田は九月七日の『きよめの友』で「悪魔に油断するな」と警告しているほどである。[12]

一方そうした流れに対し、当然ながら大きな疑問や違和感を禁じ得ない者や憂慮する者たちも少なからず出てくる。

3　ホーリネス教会の分離と対立

一九三三（昭和八）年九月二二日、中田は聖書学院の新学期開始に先立って、今学期中通常の学びをすべて休講とし、差し迫っている再臨のための祈禱に全力を集中すべきことを院長として発表する。さらに車田秋次、米田豊ら聖書学院の教授たちに、自分の方針に従って教えることを求める書簡を送った。当時聖書学院の教授は、教頭が車田秋次、他の教授は米田豊、一宮政吉、小原十三司、土屋顕一、坂井勝次郎の計六名であった。書簡は以下の内容である。

「聖書学院の教授の事につき更《あらた》めて諸兄と御相談する積《つもり》でありましたが、小生はきよめの友の紙上又は個人的に御話し申上て居る事により小生の方針及び所信を大体御承知の事と存じます。小生は何処までも今与へられて居る光に従て進んで参ります。
そこで愛兄は聖句の解釈等につき多少の異見もあるでせうが、全群の統一上小生の方針及び所信に合致し其を個人教室及教会に於て御述べ下さり、小生を補佐して戴《いただ》きたいのであります。しかしかくする事は愛兄の信仰に反し良心を傷くると御思召《おもうしめ》さば大いに祈り御熟考の上進退を決して戴きたいのであります。かく申上る小生の苦衷を御察し願ひます同文をば教授諸兄に送りました。

昭和八年九月廿二日

中田重治」[*13]

ここで言われている「小生の方針及び所信」とは、従来のような伝道に基づく教会形成のあり方ではなく、キリストの再臨待望とユダヤ民族の回復のための祈りに専心すべきであるというものである。
この書簡に対し、六人の教授たちのうち、音楽担当の坂井勝次郎は結局のところ中田監督の側についている。しかし彼を除く五人の教授たち（通称、五教授派）は連日集まって祈り、協議を繰り返した。そしてその結果、いかに監督・院長の方針とはいえ、これは四重の福音を柱とするホーリネス教会の伝統的な教理からの逸脱であると考え、一〇月一二日付で次のような回答を中田に送る。

まずその冒頭で、「我等は我教会監督の近来の方針と所信とに対して、左の点に於て了解し難く遺憾ながら合致し得ざるを悲しみます」と言い切る。そしてそのファッショ主義的施政方針を批判し、ホーリネス教会の重大使命である伝道と救霊を軽視し、個人的救いよりもユダヤ人の民族的回復とその建国のための禱告を自分たちの教会の主なる使命とすることを厳しく批判する。[*14]

そして熟慮の後、事の是非を問うために臨時総会の召集を求めた。中田は最初召集を認めたが、後にこれを取り消し、この臨時総会を非合法なものとみなした。

この年の一〇月二五、二六日に淀橋教会で開催された臨時総会において、五教授を支持する人々は、大きな苦渋の中で、中田の監督職を解任する決議を採択する。これに対して中田側は全国教役者会を召集して、逆に五教授を解任する。さらに、この総会を無効であるとする民事訴訟を起こすに至った。このようにして両者の対立は、もはや収拾困難なものとなっていった。

こうした両者の衝突は一般の新聞でも取り上げられ、キリスト教会のイメージを大きく損なうものとなった。特に『読売新聞』が、一〇月一九日から七回にわたってこの騒動を特集し、連載した。同紙では、「再臨騒ぎ」という見出しのもと、「二派に分れて相争ふ」という第一回目の記事を皮切りに、かなり踏み込んで当時のホーリネス教会内の再臨問題をめぐる混乱を報じている。[*15]

なおこの後の経緯の中で、「五教授派」は「委員派」と呼ばれるようになっていった。

4　和協分離へ

こうした成り行きを憂慮した阿部義宗ら日本メソヂスト教会の指導者や松山常次郎らクリスチャン政治家の骨折りにより、一九三六（昭和一一）年に両者は「和協分離」した。そのときに調印された「和協覚書」によれば、分離にあたり、教会および教会維持財団所属財産等は現状に即して二分し、「ホーリネス教会」という旧名称を用いないこと等が確認された。[*16] このとき委員として尽力したのが、中田側は阿部義宗（青山学院長）と松山常次郎代議士であり、委員側は渡辺善太（青山学院教授）と星島二郎代議士であった。

こうして両派は分離した。中田を支持した群れの人々は後に「きよめ教会」を名乗り、中田を終身監督とした。主な人々としては、工藤玖蔵、森五郎、田中敬止らがいる。彼らが中田を支持し続けた理由としては、絶対的な力を保持していた監督の新使命への服従ということもあるが、恩師を守るためという理由も見逃すことができない。このことについて、『森五郎傳』の中で、米田勇は次のように記している。

「車田側に教義信仰の純粋を守るためと言う大義名分があったとすれば、中田側には恩師を守るためという理由があった。森は義理人情を理解する者として、中田に属した。[*17]」

一方、委員派の人々は「日本聖教会」を名乗り、五教授の中心的人物であった車田が指導者となった。

このようにして和協分離した翌一九三七（昭和一二）年の教会数は、きよめ教会が百七十一、日本聖教会が百八十一とほぼ同数である。きよめ教会は、後に記すようにさらに分裂を繰り返す。

その後両者は別々の道を歩み、一九四一（昭和一六）年の日本基督教団の成立に際しては、日本聖教会は第六部、きよめ教会は第九部に所属した。この時点では、日本聖教会所属の信徒数は一六、三五〇人、きよめ教会は一九四〇年に合同した日本自由基督教会を加えて七、三六一人であり、両者の間にだいぶ教勢の差が見られる。[*18]

5　分離の原因について

こうして、昭和初期のリバイバルを経験したホーリネス教会は二つに分離した。このような事態に至った原因についてあらためて考察してみたい。

このホーリネス教会において、創立者の中田重治は監督としてすべての面においてカリスマ的な権威を持って群れを率いていた。そして昭和の初期において、リバイバルが高揚し、日本の大陸進出が進むなかで、もともと彼の中で未分化で同居していた再臨強調の信仰と日本中心の愛国主義に日猶同祖論が結びつき、次第にイデオロギー化されていったようである。

もともと中田は、恩師の本多庸一の強い感化もあって、愛国主義的な人物であった。そうした信仰理解が、昭和初期の状況の中で、監督の絶対的な権威のもとに群れの人々に強要されたのであった。それに対して、従来の新生・聖化等四重の福音を中心とするホーリネス教会の伝統的教理を堅持しようとする聖書学院の教授たちとその支持者たちは、中田の主張をホーリネスの伝道主義を否定するものとして拒否し、分離するに至ったのである。

土肥昭夫は、『日本プロテスタント・キリスト教史』でこの分離について、次のように指摘している。ホーリネス教会は、もともと根本主義的立場に立って四重の福音を唱える、忠実な信仰集団であり、「教理的にも神学的にも明確な一致の上に教派を形成していたことになる」とされた。しかし「元来人間のキリスト教理解というものは多様なものであり、この派が唱えたような神学的一致は困難」であった。[*19] この困難を乗り越えさせたものが、「中田の強烈な個性とカリスマ的ともいうべき宗教的権威であった。彼はホーリネス教会の監督としての政治的権力のみならず、宗教的な権威をもってこの派を統率し、指導していった」。そして土肥は、結論的に次のように指摘する。

「従ってこの教会の教理的・神学的一致といっても、実は彼の見解への統合、服従を意味した。そこに内在する問題が一九三〇年代の分裂となって顕在化していったのである。[*20]」

声高にイスラエルの回復とそれに伴う日本民族の集団的救いとそのための禱告への専心を説く中田の言動が、それまでの伝道や教会形成のあり方を否定し、暴走とも言うべきところまで進んでしまったときに、ついに「彼の見解への統合、服従」を拒否した教授派の人々が立ち上がっていったと言えよう。

戦後、日本ホーリネス教団と基督兄弟団とが共同で歴史検証を行った。その中で、「分裂の原因をめぐって」の項では、第一の理由として「再臨信仰の行き過ぎ」が挙げられている。

「やはり問題の核心は、キリストの再臨待望の祈りと、日本民族の使命達成やイスラエルの回復のための祈りに重点が置かれ、今は伝道している時ではない、という中田の主張と言えます。このような聖書理解や主張は、確かに逸脱していたことは、誰もが認めることでありましょう。[*21]」

注目すべきは、この分離事件の起きる一年以上前の一九三二年（昭和七）年六月九日の『きよめの友』で、聖書学院教授の米田豊が「思想上の脱線を防げ」という論説を発表し、「悪魔に乗ぜられぬように」と、次のような警告を発していることである。

「一、無暗《むやみ》に新しい光だの新しい示《しめし》だのといつてはならぬ。何か嶄新《ざんしん》な事、ズバ抜けた事をいはうといふ考があれば無論いけないが、長い間考へた上句《あげく》でも、独りよがりの解釈を新しい光だの示だのと喜ぶべきではない。

二、聖言《みことば》を前後の関係なく一句持つて来て、自分に都合のよいやうに解釈したり、聖書の他の所に表はれて居る通念に矛盾するやうな解釈を施して、無暗《むやみ》に教えられたの、霊《みたま》の示だのといつてはならぬ。

…（中略）…

六、自分は聖霊に満されて居るから自分のいふ事は間違ない、又自分のする事は間違ない、踊上《をどりあが》らうが逆立《さかだち》せやうが其は聖霊がさせ給ふ事だから、自分は間違つて居らぬ、といふやうな事を主張すべきものでない。[*22]」

この米田の警告は、第一に群れの教職者や一般信徒に向けられたものと考えることができる。しかし、日猶同祖論と結びつく強引な聖書解釈を展開し、リバイバルの高揚感の中で、イスラエル民族の回復と日本民族の使命達成という、独善とも言える路線をひた走る中田監督に対する、実に鋭い忠告ないし警告であると言うことができる。

図らずも、同じ号には「日本聖徒の使命」と題する中田の文章が巻頭に掲載されている。そこで彼は、「東」という国はヘブル語で「ミズラホ」といい、日本を指す「瑞穂《みずほ》の国」と語呂が似ており、結びつくとする。彼はここから、日本こそ聖書にある「日出る国」であるという持論を述べ、日本民族はユダヤ民族と関係があることは聖書に基づいており、そのことによって日本民族、特に日本聖徒の世界的使命がいよいよ大いなるものとなると強調している。

「イスラエル人といへば現代のユダヤ人であるが、日本民族は**此民族とも関係**がある事は聖書に基きて大に学ぶべき事で、しかせば日本民族の世界的使命がいよ〳〵大なるものとなるのである。此光によりて国民全体に警告を与ふる事は聖徒の務ではないか。[*23]」

ここに米田に代表される聖書学院の教授たちと、中田監督との埋めがたい距離は、この時すでに修復不可能なほど致命的なものとなっており、翌年の分離に発展したと見ることができる。

分離当時ホーリネス教会の本部で機関誌編集の仕事をし、戦後の日本ホーリネス教団の指導者となった山崎鷲夫は、『日本ホーリネス教団史』の中で中田の偉大さと人間的魅力を大いに称えた後に、「神は人間をば偉大ならしめないために発展の絶頂から分裂の谷間に、やがては弾圧の黒霧の中に一時は消えてしまうように」されたと指摘している。[*24] 実に示唆に富んだ言葉であると言えよう。

キリスト教の伝統の浅い日本において、影響力のある指導者が登場し、群れを急成長させ、感化力を及ぼすと、周りで大いに持ち上げ、崇めてしまう傾向がある。神の言葉である聖書そのものは絶対的な権威を有しているが、それを説き明かす指導者の言動は決して絶対ではあり得ない。ここにこそ私たちが学ぶべき教訓がある。
全集の第二巻に収録された『聖書より見たる日本』の解説をしている千代崎秀雄は、「批判なき尊敬は崇拝となり、結局相手を偶像視してしまうことにもなる」と実に鋭く指摘している。[*25]
また、『近代日本の民衆キリスト教』の著者の池上は、大正のリバイバルを「待望のリバイバル」、そして昭和のリバイバルを「窮地のリバイバル」と呼んでいる。彼は後者の説明として、「世俗に絶望した人々が、あらゆる退路を絶って、最後の望みとしての再臨に至る一直線の道を、ひたすら突き進もうとしたリバイバル」であるとし、「片道切符のリバイバル」とも呼んでいる。[*26] さらに、このリバイバルが結果として分裂に至った要因について、次のような考察を行っている。外部の宗教学者の立場からのものとして、非常に興味深い。

「このリバイバルは、すでに始まりの時点がエネルギーのピーク時だった。直接の火をつけたのは、監督夫人の感化を受けた若い修養生たちだった。待ち望んだリバイバルの始まりは、大きな感動と興奮をもって迎えられたが、それは主の再臨という出来事によってしか完結しえないというディレンマをかかえていた。リバイバルが続行されるなかで、苦しみをともなう徹底した自我の否定が強調されるようになる。『うめき』『認罪』といった言葉が日常語となり、『證詞《あかし》の一斉射撃』が集会のメインになっていく。さらに悪化する社会状況、教会外に拡大しない火、来ない再臨への焦りのなかで、高まる内部矛盾の葛藤のエネルギーは、自己分裂の道を突き進む結果を招いていったのである。[*27]」

実に的を射た鋭い指摘と言えよう。

6　分離と海外のホーリネス教会

この分離事件は、当然ながら海外のホーリネス教会にも大きな影響を与えた。北米のホーリネス教会は、この分離事件後の一九三五年に北米ホーリネス教会として独立し、葛原定市が初代監督に就任する。戦後も東洋宣教会北米ホーリネス教団としてその働きを続けている。[*28]

ブラジルのホーリネス教会は、監督派、委員会派の両派から連絡や文書を受け取り、神の正しい導きを求めつつ、慎重に審議した。一九三四年七月に彼らはサンパウロの教会に集まり、臨時部会を開いて、祈り、審議した結果、双方に対して中立の立場をとり、「やむを得ず日本ホーリネス教会から、一切において独立していく」ことを決議した。この決議に基づき、新たに「ブラジル・ホーリネス教会」を組織し、再出発をしている。[*29]

戦後、東洋宣教会はブラジルのパラナ州ロンドリーナに聖書学校を設立し、ブラジル人伝道者の養成を開始し、伝道活動も行った。その働きの結果、ブラジル人の群れが生まれ、成長していった。一九五六年には、「ブラジル・ホーリネス教会」とこのブラジル人信徒の群れが合同し、「ブラジル福音ホーリネス教団」と名称を変え、今日に至っている。[*30]現在においても、日系人教会としては最大の教団である。

東洋宣教会の伝道の結果生み出された朝鮮聖潔教会も、この分離事件の影響を受けたと推測される。しかし基本的にこの団体は、日本ホーリネス教会から独立した働きを韓国で続けていた東洋宣教会の傘下にあり、日本本国とは独自の歩みをなしたようである。

注

1　米田勇編『中田重治全集　第七巻』中田重治全集刊行会、一九七四年、四八〇頁
2　『中田重治全集　第四巻』中田重治全集刊行会、一九七五年、四四四頁
3　同書、四四五頁
4　ホーリネス・バンド弾圧史刊行会編『ホーリネス・バンドの軌跡』新教出版社、一九八三年、一一二～一一三頁
5　同書、一一三頁
6　米田勇編『中田重治全集　第二巻』中田重治全集刊行会、一九七五年、二～三頁
7　同書、三二頁
8　小谷部全一郎『日本及日本国民之起源』厚生閣、一九二九年
9　『きよめの友』第一三五三号、一九三三年一月五日、一頁
10　『中田重治全集　第六巻』四七五頁
11　『きよめの友』第一三八四号、一九三三年八月一〇日、一頁
12　同誌、第一三八八号、一九三三年九月七日、一～二頁
13　日本ホーリネス教会、昭和八年九月廿二日付　第一号証
14　同、昭和八年十月十二日付　第二号証
15　『読売新聞』の第二〇三五九号（一九三三年一〇月一九日）から二〇三六七号（一九三三年一〇月二七日）まで、七回にわたってこのホーリネス教会の騒動が、「再臨騒ぎ」という見出しのもとに報じられている。（マイクロフィルムで国立国会図書館所蔵）
16　『ホーリネス信仰の形成――日本ホーリネス教団史』六九二～六九四頁
17　佐藤俊三編『森五郎傳』基督聖協団、一九六二年、一五一頁

18　都田恒太郎『日本キリスト教合同史稿』教文館、一九六七年、二一六〜二一七頁
19　土肥昭夫『日本プロテスタント・キリスト教史』新教出版社、一九八〇年、一六二頁
20　同頁
21　『和解を紡いだ12年「戦争責任告白」からの歩み〔資料集〕』七四頁
22　『きよめの友』第一三二三号、一九三二年六月九日、二頁
23　同誌、一頁
24　山崎鷲夫・千代崎秀雄『日本ホーリネス教団史』日本ホーリネス教団、一九七〇年、八五頁
25　『中田重治全集　第二巻』二五頁
26　池上良正『近代日本の民衆キリスト教』東北大学出版会、二〇〇六年、二二四〜二二五頁
27　同書、二五八〜二五九頁
28　『ホーリネス信仰の形成』四四八頁
29　田名網七五三吉編著『ブラジル福音ホーリネス教団・宣教五十周年記念』ブラジル福音ホーリネス教団、一九八〇年、一五〜一六頁。山崎長文編著『ブラジル福音ホーリネス教団六五周年の歩み』ブラジル福音ホーリネス教団、一九九〇年、一一〜一二頁
30　『ブラジル福音ホーリネス教団・宣教五十周年記念』一七頁

第一一章　分離後のそれぞれの歩み（一九三六〜一九四一年）

ホーリネス教会はこのように二つに分離したが、群れとしての活動と伝道者養成の働きは両者によってその後も続けられていった。ただし一九四二年と四三年の官憲による弾圧により、多くの教職者が逮捕・拘留され、その後、教会や聖書学校は解散・閉鎖させられた。

1　その後の中田重治ときよめ教会の歩み

きよめ教会のほうは、引き続き中田を監督と戴いて歩み続けた。当然ながら、中田は分離事件に大きな精神的ショックを受けた。一九三五（昭和一〇）年ごろには、気管支カタルや神経痛を患ったことにもよるが、非常な心労が続いたこともあり、体重が以前は十八貫目（六十七キロほど）ほどあったのが、十四貫目（五十二キロほど）にまで激減している。

しかしその後も機関誌を通して、盛んに筆を揮い、弁明したり、奨励したりした。その後の新年聖会においても、「日本人とユダヤ人の問題」を連続講演し、持論を披露している。

一九三六（昭和一一）年の和協分離後、中田を支持する監督派の人々は、正式に「きよめ教会」を設立した。きよめ教会は、その後ただ四か条の会則だけを設け、総会は廃止され、監督は終身職となり、後継者も監督が任命することとなった。[*1]

きよめ教会は、分離後も柏木の聖書学院で伝道者養成を行った。分離事件の際、当時の修養生の多くは中田側にとどまった。車田らの五教授が去ったため、とどまった坂井勝次郎に加え、木田文治ら四名が教授として新たに任命された。

分離事件の翌年の一九三四（昭和九）年春に、聖書学院を卒業してきよめ教会の任命を受けて教職者となったのは二十九名であり、同年の夏季伝道には六十四名の修養生が三十四チームに分かれて全国に派遣されており、分離後もなお多くの修養生が学んでいることがわかる。

和服姿の中田重治（1935年）

一九三七（昭和一二）年に入り、中田監督は今年の指針は、「堅信抗魔」であるとした。この年は盧溝橋《ろこうきょう》事件の勃発によって、日中戦争が始まり、それが発端となって日本は本格的な戦争体制に突入していった。そうした時局に伴い、中田の説教や論説はいっそう国家主義的、愛国主義的に傾いていく。題名も、「皇軍全勝のため」、「聖戦の時来れり」、「国民精神運動」、「国民精神総動員とリバイバル」、「我が教会の出征兵士に告ぐ」といったものである。戦局に伴い、「皇軍大勝、きよめ教会」と記した提灯行列をすることや、この年の一一月三日には宮城遥拝と祈禱会を開くことを本部通達している。[*2]

一九三八年一一月にきよめ教会は、日本基督教連盟に加入する。この連盟は教会合同を推進していき、一九四一年の日本基督教団成立の際、きよめ教会はその第九部として加入している。

中田は、一九三九（昭和一四）年の元旦の『きよめの友』の巻頭に、「新東亜建設の新春を賀す」の文章を寄せ、日本の使命を強調した。この年、中田は数えで七十歳を迎えた。機関誌で古稀の感想を述べている。「ヱホバ是まで我らを助け給えり」と神の恵みを称えつつも、「過去七〇年は事業の上からは全く失敗であった」とも告白している。そして「さんざんにこき下ろされてついに我が古稀の港にこぎつきにけり」の短歌を残している。[*3]

この年に聖書学院でもたれた全国きよめ大会で、きよめ教会会則や綱領が決められ、発表された。注目すべきは、その二と三である。

「一、我等ハきよめ教会員ナリ、きよめ教会ハ中田監督ガ福音ニヨリテ創始セル基督教ニシテ、日本精神ニ立脚シ、各自職分ヲ尽クシ、国策ニ順応、国運ノ進展ヲ期ス

一、我等ハきよめ教会員ナリ、監督ノ指導ヲ奉ジ、一致団結福音ノ宣伝ニ当リ、我ガ日本ノ国是タル八《はっ》紘一宇《こういちう》ノ達成、即チ神国ノ実現ヲ祈ル[*4]」

このように、きよめ教会は中田の信仰理解を全面的にその群れの綱領とし、当時しきりに強調された「八紘一宇」の国是に順応することを宣言した。[*5]

一九三八（昭和一三）年一二月、群れの一部の人々が日本聖潔教会を名乗り、きよめ教会から離脱する。この群れは、四重の福音の教理は保ち、委員会の監督職執行という運営形態をとった。一九四〇年に日本基

督教連盟に加入し、一九四一年の日本基督教団設立の際は、第七部に加入している。[*6]なお、治安維持法による弾圧事件の際、この群れの人々は弾圧を免れている。

2　中田夫妻の召天とその子どもたち

一九三九（昭和一四）年に入り、中田夫妻は次第に健康を弱めていった。中田は腸結核とその他の余病併発であり、あやめは癌であった。まず九月に入り、あやめが危篤となった。危篤の病室で、あやめはそれまで断絶していた羽後夫妻と和解をすることができた。

中田は、あやめの死後、自分の召天も近いことを自覚し、教団の今後の運営について方針を立てる必要を感じた。そこで関係者が中田のもとに集められ、弁護士立ち会いのもとに条文を作成した。その内容は、監督のもとに会長を置き、会長には森五郎が指名され、聖書学院も森五郎に託された。中田家のことは、谷中《たになか》廣美・栄夫婦と保坂一《はじめ》に一切を任せることになった。谷中廣美は、森五郎の長女、栄の娘婿にあたる。

なお保坂一は、中田あやめの妹の梅代が働いていた施設に入所していた男子で、梅代の死後中田家で引き取り、養育していた。中田は彼を武蔵と呼んでかわいがり、彼は中田夫婦の葬儀の後の中田家の管理を谷中夫婦とともに託されている。『中田重治傳』によれば、中田の死が迫っていくなかで、保坂が弁護士を伴って来て、中田の死後の教団の運営について一つのプランを立て、中田に承認を求めていることから、中田に対してかなりの影響力を持つようになっていることがうかがえる。[*7]

九月二四日の日曜日、中田は息を引き取った。四日後の九月二八日に聖書学院の大講堂で葬儀が執行された。森五郎の司式で、関係者がそれぞれの役割を果たし、一同「まもなく主イエスは我らを迎え」を斉唱した。来会者は数百名に上り、葬儀委員長森五郎と親戚総代の中田羽後の挨拶があって、葬儀は終わった。遺骨は聖書学院校内の一隅に設けられた納骨堂に安置されたが、戦後の一九五一（昭和二六）年に多磨霊園に改葬され、今日に至っている。

ここで中田の子どもたちについて触れておきたい。次男の羽後は重治の後妻のあやめとの確執が引き金となり、昭和のリバイバルの時に「流れにそぐわぬ」として群れから退けられ、その後、籍も抜かれるに至った。しかし重治の死後、中田家の跡取りとしての立場を回復している。

羽後は戦後、教会音楽の分野で広く用いられ、一九五八（昭和三三）年には、『聖歌』を編集し、日本福音連盟から出版した。これは長い間、日本の福音派で広く愛唱されている。彼は、「おお牧場はみどり」の作詞者としても知られ、ヘンデルの「メサイア」の訳者、研究者としても知られている。

長女の陸奥は、アライアンス教会の指導者である大江邦治の息子の捨一と結婚し、アライアンス教会の牧師夫人として奉仕した。

次女の京は辻啓蔵と結婚し、足利や青森で牧師夫人として用いられた。弾圧事件の際、夫の啓蔵は捕らえられ、青森刑務所で獄死している。その次男の宣道は戦後献身して聖書農学園神学部で学び、長い間、日本基督教団の静岡草深教会で牧会し、後に教団の総会議長を務めている。三男の近は、日本基督教団西千葉教会で信徒として信仰生活を送り、二〇〇一年に開催された中田重治宣教一〇〇年記念大会では中田家を代表して挨拶をしている。[*8]

三女のリリは、聖書学院を卒業後、福音使として満州で奉仕し、有馬純治と結婚している。一九四二年の弾圧の際、六人の子どもを残して収監されている。戦後、夫や家族とともに帰国している。

四女の豊《とよ》は、聖書学院で教えていた岡本吾市と結婚し、牧師として奉仕していた。戦後、広島市郊外の住居が山津波に逢い、一家五人とも召されている。

3　きよめ教会の分裂

一九三九年の中田の死後、きよめ教会の中で主導権をめぐる争いが起き、森五郎や工藤玖蔵らを中心とする長老派と、尾崎喬一を中心とする少壮派（または青壮派）に分裂した。この対立の原因は、尾崎が中田の育てた保坂一を擁立して中田の後継者とし、群れの主導権を握ろうとしたことによる。しかしこれを受け入れがたいとした古くからの長老たちが、中田の次男である羽後を擁立して後継者とし、森や工藤らを中心とする長老派を形成した。

その後の経緯としては、尾崎らの少壮派は聖書学院にとどまり、日本基督教団成立時には、教団に加入せず、県知事認可の宗教結社として存続した。戦後は東洋宣教会きよめ教会（現・東洋宣教団きよめキリスト教会）を名乗り、活動を続けている。

一方長老派の人々はきよめ教会として活動を続け、教団成立時には第九部として加入した。第九部の参与と呼ばれた代表には工藤玖蔵が就任し、常議員には彼と斎藤源八が就任した。

この加入の前年の一九四〇年にきよめ教会は、日本自由基督教会と合同している。日本自由基督教会は、一九三四年に設立された独立自給の教派で、聖書無謬説に立ち、聖霊の自由な働きを信じて各教会が自発的に伝道した。きよめ教会に加入したこの群れは、教会数十二、教役者数十二名であった。[*9]

一九四二年、四三年の官憲による弾圧後、教会も聖書学院も解散となった。戦後このきよめ教会の信仰を受け継ぐ教派は、基督兄弟団、そしてそこからさらに分かれた基督聖協団であり、それぞれが聖書学院を有している。その歩みについては、戦後編で取り上げる。

4　その後の日本聖教会の歩み

一方、日本聖教会のほうは、分離後、車田が指導者となった。そして淀橋教会を仮校舎として伝道者養成の働きを継続した。一九三五（昭和一〇）年ごろには、約四十名の学生がここで学んでいた。この聖書学校では、米田豊が校長で、車田秋次、一宮政吉、土屋顕一、小原十三司のほか、山崎亭治や蔦田二雄らが教鞭を執っていた。

一九三八年秋にもたれた日本聖教会のリバイバル大会や日本橋聖会などで多くの献身者が出たため、施設の拡大の必要に迫られた。そこでこの学校は一九三九年に板橋区茂呂に校舎を新築した。この日本聖教会聖書学校、いわゆる茂呂塾では、蔦田が聖書学校主事および学生監に任命され、学生と起居を共にして伝道者の養成にあたった。[*10]

一九三九（昭和一四）年、日本聖教会は「対政府の連絡や時局奉仕の協力等に於いて」必要を感じて、日本基督教連盟に加入した。しかし、「信仰の相違上霊的運動はともにせざる理解の下に」、これとは別に純福音派の連合組織として、「東亜聖化同盟」を同年の九月に結成した。[*11]そしてこの団体の幹部の人たちといわゆる純福音系の諸教派の合同の可能性を検討したが、合同をめぐる諸情勢の変化に伴い、結局、日本基督教連盟が提唱する教派合同の中での提携を目指すことになった。

そして日本聖教会は、一九四〇（昭和一五）年の「皇紀二千六百年奉祝全国基督教信徒大会」の当日、臨時総会を開いて合同参加を決定した。合同直前の年会における「教会合同後の対策に関する決議」を見ると、合同の是非や意義を問うよりも、合同後にいかにして自分たちの信仰や結束を守るかということに関心が向けられていた。[*12]

日本基督教団成立において、中心的な役割を果たしたのは、日本基督教会、日本組合基督教会、日本メソヂスト教会等の大教派であった。彼らは日本基督教連盟の中核を構成し、合同準備委員会にも多数の有力な委員を送り、合同問題についてリーダーシップを執った。

それに対し、日本聖教会をはじめとする純福音派の諸教会は中小教派がほとんどであり、日本基督教連盟には未加入であったり、遅れて加入したりで、合同運動に対して消極的であり、受け身であった。その中で聖教会は一万五千名を超える信徒を擁していたので、当初文部省が認可基準としていた、教会数五十教会、信徒数五千名以上を満たしていた。当初は単独か、できれば同系統の教会と合同して認可基準を満たそうと試みたが、結局、時勢に引っ張られる形で教団に参加したのであった。

第六部の参与は車田秋次であり、常議員は彼に加えて小原十三司と米田豊の三名であった。

戦後の宗教団体法の撤廃に伴い、教団にとどまって「ホーリネスの群」を構成した人々と、東洋宣教会との協力関係を復活し、教団を離脱した人々が結成した日本ホーリネス教団とに分かれ、それぞれの道を歩んでいる。

また、日本聖教会の教職者として弾圧を経験した蔦田二雄が中心となって、イムマヌエル綜合伝道団が戦後いち早く結成された。

注

1　米田勇『中田重治傳』中田重治伝刊行会、一九五九年、五〇三～五〇七頁

2　同書、五〇九～五一〇頁
3　同書、五一四～五一五頁
4　同書、五一九頁
5　八紘一宇とは、もともと「日本書紀」の記述に基づく言葉である。「八紘」すなわち天地の四方八方に至るまで、世界の全民族がまるで一軒の家「一宇」に住むようにという、世界平和の理想を掲げたものとされる。日本の歴史においては、太平洋戦争期に日本の海外進出を正当化する標語として用いられた。
6　日本基督教団宣教研究所教団資料編纂室『日本基督教団史資料集　第一篇』日本基督教団宣教研究所発行、一九九七年、三七五頁
7　『中田重治傳』五二四頁
8　『二十一世紀に生きるホーリネス――中田重治宣教一〇〇年記念大会記念誌』中田重治宣教一〇〇年記念大会実行委員会発行、二〇〇一年、二一～二五頁
9　『日本基督教団史資料集　第一篇』三八六頁
10　イムマヌエル綜合伝道団五〇周年刊行委員会編『聖宣　振り返って目を上げて――イムマヌエル創立五〇周年記念誌』イムマヌエル綜合伝道団、一九九五年、一四頁
11　『日本基督教団史資料集　第一篇』一五一～一五二頁
12　同書、三七一～三七三頁

第一二章　ホーリネス系教会への弾圧（一九四二〜一九四五年）

1　ホーリネス系教職の一斉検挙

一九四二（昭和一七）年六月二六日早朝、ホーリネス系三教会の教職者九十七名が治安維持法違反の容疑で全国で一斉に検挙された。翌年の四月になされた第二次検挙を含めると、合計百三十四名が逮捕された。逮捕者の内訳は、日本基督教団第六部（旧日本聖教会）所属が六十名、第九部（旧きよめ教会）所属が六十二名、教団に加わらずに宗教結社となっていた東洋宣教会きよめ教会所属が十二名で、総計百三十四名であった。[*1] これは、日本キリスト教史上、プロテスタント教会に対する最大規模の弾圧であった。

逮捕された当時は、多くの牧師が「一体何のための検挙か、一向見当がつかぬ。俄《にわ》かに連れてこられたので、まるで狐につつまれたようだ」との不安感に覆われていた。[*2] その後の取り調べの過程で、自分たちが治安維持法違反に問われていることがようやく明らかになった次第であった。

この大規模な一斉検挙の法的根拠となった治安維持法は、その前年の一九四一年に改定されたばかりであった。元来この法律は、一九二五（大正一四）に共産主義者や無政府主義者の弾圧立法として制定されたものであった。その後改定を繰り返し、日本の国体を否定したり、神社や皇室の尊厳を冒瀆したりする恐れのあるあらゆる団体や個人を取り締まることを目的としている。

このとき改定された治安維持法の第七条は次のようになっている。

「国体ヲ否定シ又ハ神宮若《もしく》ハ皇室ノ尊厳ヲ冒瀆《ぼうとく》スベキ事項ヲ流布スルコトヲ目的トシテ結社ヲ組織シタル者又ハ結社ノ役員其ノ他指導者タル任務ニ従事シタル者ハ無期又ハ四年以上ノ懲役ニ処シ情ヲ知リテ結社ニ加入シタル者又ハ結社ノ目的遂行ノ為ニスル行為ヲ為シタル者ハ一年以上ノ有期懲役ニ処ス[*3]」

この法律の第一条で、「国体を変革することを目的」として検挙された者に対して「死刑等」という定めは変わらない。このときの改定の狙いは、そうした行為を行っただけでなく、「国体を否定」や「神宮や皇室を冒瀆すべき」観念や教えを持っているとみなされるだけで弾圧の対象ともなりうるというもので、まさに恐るべき弾圧立法である。特別高等警察がホーリネス系教会を弾圧の対象として内偵に着手した際、この条文を念頭にしていたと考えられる。

図らずも取り調べの最中、刑事が次のように漏らしている。

「君たちはボンヤリしているからだめなんだよ、君たちを――ヤソ教全体も――検束し得るために治安維持法が改正されたんだよ。[*4]」

この治安維持法によるキリスト教会（ないし類似宗教）への警察当局の弾圧は、ホーリネス系教会が最初ではない。一九三九（昭和一四）年、キリスト教類似宗教である日本灯台社（ものみの塔）がまず弾圧を受け、一九四一年には耶蘇《イエス》基督之新約教会、プリマス・ブレズレンが弾圧を受けた。これらの団体は、再臨を強調し、神社参拝に対しても否定的な立場を取る群れである。ホーリネス系教会に対する当局の弾圧は、これらの延長上にあったと考えられる。[*5]

2　官憲による弾圧の理由

しかし、それらの団体と違い、ホーリネス系の旧日本聖教会と旧きよめ教会は日本基督教団の成立の際、正式に加入している。そして日本基督教団は、宗教団体法に基づいて政府から正式に認可された宗教団体であった。それにもかかわらず、彼らが官憲の狙い撃ちにあったのはなぜであろうか。これについては、次のいくつかの理由が推測される。①欧米のスパイを働いたという嫌疑をかけられたこと、②ユダヤ人問題との関わり、③神社参拝を拒否したこと、④これらの群れが特に強調したキリストの再臨の教理に関する問題、である。

このうち、①は当時どのキリスト教会にも向けられた偏見であったが、直接の争点とはならなかった。②については、中田重治が監督であった時代、ホーリネス教会がユダヤ人への支援活動を積極的に行ったことがあった。『昭和の宗教弾圧――戦時ホーリネス受難記』における米田豊の指摘によれば、検挙の理由づけの一つとして、ホーリネス教会ではユダヤ人伝道のための献金を募集し、ユダヤ人伝道を援助したことが、ユダヤ人が目指す秘密結社運動への支援であるとして、「大いに注目され、誤解された」とされる。[*6]しかしこれも、公判の過程では、それほど大きな争点とはならなかった。

ただ最近になって出された、大阪経済法科大学研究員の役重善洋の著作によれば、中田重治がユダヤ人問題に関して、安江《やすえ》仙弘《のりひろ》陸軍中佐を窓口とする日本の軍部と密接な関わりを持つようになり、国策として立てられた「ユダヤ人対策」に参加、協力するに至った。しかしその後の国策の変換に伴い、もはや利用価値がなくなったので、それまで控えていたホーリネス系教会の弾圧となったということである。[*7]興味深い推論であるが、今のところそれが弾圧の主要因であったとまでは言い切れない。

③の神社問題については、神社参拝は偶像礼拝であるとして、ホーリネス教会が中田監督時代に反対運動を熱心に行っていたことがあり、周囲との摩擦がかなり頻繁に見られた。特に一九四二（昭和一七）年一月、日本基督教団第六部（旧聖教会）所属の補教師で函館本町教会の牧師補であった小山宗祐が、神社参拝を拒否したとされたことで函館憲兵隊に拘留される事件があった。彼はその二か月後に獄中で自殺したとされたが、当時は厳しい報道管制下であり、真相は不明である。なおこの事件の経緯や小山宗祐については、『涙の谷を過ぎるとも――小山宗祐牧師補の自殺』（坂本幸四郎、河出書房新社、一九八五年）に詳しく取り上げられている。[*8]こうした事件があったことから、ホーリネス系の教会が神社参拝問題に関して、当局から特にマークされていたことが考えられる。

しかしさらに大きな要因として考えられるのは、④のホーリネス系教会が特に強調していた再臨の教理である。すでに述べたように、中田重治がホーリネス教会の監督のころ、それを強調し過ぎるあまり、脱線して分離事件を引き起こしたことがあった。この事件は裁判沙汰にもなり、一般の新聞でも取り上げられ、世間の注目も引いた。こうしたことも、官憲がつけいる伏線となったと推測される。

ホーリネス教会は、他の純福音派の多くの群れと同様、キリストの再臨に関しては「前千年王国主義（「千年期前再臨説」とも呼称）の立場を取っていた。中田重治訳『耶蘇は来る』（W・ブラックストーン著）がすでに一九一七（大正六）年にホーリネス教会出版部から出ており、そこに詳しくこの教理が展開されている。[*9]この書においては、ディスペンセーション的解釈の立場から、終末時にキリストが再臨の主として現れ、聖徒たちを携挙した後に至福の千年王国が実現し、キリストが王となって支配し、万国民をさばくことを主張している。こうした教えが、万世一系の天皇を現人神《あらひとがみ》とする永遠無窮の国体観念を妨げ、治安を害するものとして、裁判の過程で厳しく追及されたのである。

たとえば、一審において実刑二年の判決を受けた車田秋次の公判日記によれば、その判決理由として、「聖書神言説は千年期思想を必然的に召来せしむべく、千年王国思想はすなわち反国体的なり」との結論であった。そして「ホーリネス時代と聖教会時代との間に教理上変化なしとの認定に基礎づけられた」判決であった。[*10]

しかしよくよく考えてみれば、こうした前千年王国主義の再臨の教理は、他のほとんどの純福音派の教会が共有する信仰の立場でもある。主流派教会の中でも、こうした信仰の立場の人々も存在する。そこで、日本基督教団に加入した群れで、特にホーリネス系の群れだけが組織的に弾圧されたところには、他の要因が考えられる。

戦時体制において、国家にとって何よりも重要なのは、国民を戦争遂行のために総動員し、国家の統制下に置くことである。それを有効に成し遂げるためには、それに反すると思われる個人や団体を徹底的に弾圧し、その悲惨な結末を示すことで関係者を恫喝《どうかつ》し、彼らだけではなく全国民がますます国家に協力するよう仕向けることである。

こうした当局の標的となったのが、まず日本灯台社であり、耶蘇基督之新約教会であり、プリマス・ブレズレンであった。そして今度はプロテスタント教会を統合した日本基督教団を締めつけ、国家に従順に服従させるために、ホーリネス系教会がその標的となったと考えられる。こうした官憲の意図は、図らずも取り調べの刑事が語ったとされる次の言葉にもうかがえる。「一番熱心な教派を打ちたたいて、他のなまぬるい全体の教会を震えあがらせる」とか、「君たちをたたいてなお日本のクリスチャンたちが目を醒まさないならば、この次は一番大きい教団第一部（日基）をやることになっているんだよ」というものである。[*11] すなわち、一罰百戒的な狙いが込められていたのである。

戦後、日本基督教団史編纂委員会から出版された『日本基督教団史』においては、この弾圧の理由について次のように記されている。

「キリスト教に対して反感を抱いている軍部、憲兵、警察方面には、教会を何とかして苦しめてやろうとする傾向が強かった。」

そうした傾向の続くなかで、一九四一年に日米開戦となったので、「今こそ気にくわない教会に対し圧迫を加えるいい機会であると考えた者もいたであろう。彼らはキリスト教徒の行動を疑惑の目をもって見、何とかしてその非国民性をあばき出し、その誤れる国体観念を叩き直そうとした。ここに報告する第六部と第九部に属する牧師ならびに信徒に対して加えられた国家的弾圧は、このような不信感と無理解から生じた、きわめて不幸な出来事であった」[*12]。

このように、当局のキリスト教会に対する「不信感と無理解」をホーリネス系教会が一身に浴びるかたちで弾圧されたということになる。

この一斉検挙を実施した特別高等警察の資料によると、司法当局がホーリネス系教会をどのように認識し、なぜ検挙に踏み切ったかが一層明らかになる。

まずホーリネス系三教会については、「（一）概説」で次のように指摘している。

「其の思想信仰乃至《ないし》実践活動は後述の如く猶太民族の支配統治する世界一元国家の建設を究極目的となし、我国体を否定し、神宮の尊厳を冒瀆《ぼうとく》すべき内容の教理を信奉宣布し来れる不穏結社にして、特に大東亜戦争勃発後に於ける動向には最も注意警戒を要するものありたり。[*13]」

すなわち、一九四一年に改定された治安維持法の第七条に違反する、「国体を否定し、神社の尊厳を冒瀆する、不穏結社」とみなされたのである。

さらに、「(三) 教義の大要」では、「其の所謂《いわゆる》聖書解釈の如き頗《すこぶ》る独善的にして他の一般基督教会と全く異なる現実的解釈をなし、且《かつ》専ら猶太民族復興運動（猶太民族の世界制覇実現運動）の観点よりのみ之を解し居り、我国体を否定すべき内容のものなり[*14]」と決めつけ、その聖書解釈が一般のキリスト教会とは全く異なる団体であるとして、その検挙を正当化している。

ここで、『近代日本とキリスト教――大正・昭和篇』（基督教学徒兄弟団発行）に記されている小塩力《おしおつとむ》の発言を紹介したい。彼は、戦時下の元検事でこの弾圧事件に関わった人物（中村登音夫）が自分と中学時代の同期生で、戦後直接聞いた話としてこの本で発言している。

「軍は、救世軍と聖公会を、ともに弾圧してしまうと決意したのだそうですよ。そこで中村登喜夫〔筆者注＝登音夫が正しい名〕という検事――いま弁護士をしていますが、この人が、わたくしと中学同期であったことが、戦後わかったのです――この人が、聖公会や救世軍を弾圧したら、大変なことになると思った。しかし、キリスト教会の、どこにも犠牲を出さずでは、軍は承知しない。で、彼は、彼なりに勉強してみて、ホーリネス系の信仰を、キリスト教の傍流、あるいは薄手の新興宗教みたいなものと、判断したらしい。で、これらの狂想的表現に接して、一方ではこれらの人々を獄につなぐことによって、多少とも安全にする。他方やむをえぬ窮境にたちいたっては、この一角の犠牲によって、キリスト教全体を救おう、と思ったというのです。[*15]」

これを歴史的事実として確認する証拠に欠けるが、ホーリネス系教会の信仰が、「キリスト教の傍流、あるいは薄手の新興宗教みたいなもの」、「狂想的」とみなされていたとすることは、あながち的外れとは言えないであろう。この小塩発言について、上中栄は「十五年戦争期のホーリネスと天皇制」という論稿の中で、次のように論じている。

「十五年戦争末期の軍部や治安維持法の暴走を思えばあり得ない推測ではないが、それだけの理由で全国の警察や検察を動員してまでの大掛かりな弾圧になるかという疑問も生じる。[*16]」

いずれにせよ、ホーリネス系の教会が主流派教会や官憲からも、「傍流」、「異なる団体」と見られ、その結果として、全体を救うための「スケープゴート（いけにえの山羊）」となったことは、可能性があると言えよう。

3　裁判の経緯と結果

とにかく当局においては、不穏結社とみなしたホーリネス系教会を組織として壊滅させ、検挙者を有罪とすることは既定方針であった。司法当局の資料によれば、第一次検挙については次のような方針でなされた。

「検挙の対象者を決定するに付ては、徒《いたず》らに個人的言動に捉《とら》はれることなく組織上の地位に根本的目標を置き、尠《すくな》く共各地方に於て組織を推進するの地位に在る者を、組織を破砕し得る程度に網羅《もうら》し、之を総て第一次検挙の対象者とし、個人的不穏言動ある者を副次的に其の対象者とすること[*17]」

ここにあるように検挙の主眼は、「組織を破砕し得る程度に網羅し」たものであり、翌年の第二次検挙もこのような視点からなされた。

そのため、その後の裁判の過程においては、個々人の言動は問題にされず、その所属する教会の教える再臨とそれに伴う千年王国の教理そのものが、改定治安維持法で規定する国体の否定、皇室の尊厳の冒瀆にあたるとされたのである。そこで量刑についても、その人物の教団内でも地位や立場が目安となった。

これに対し、検挙された教職者たちとその弁護人は様々な方法で弁明した。特にキリスト再臨後の千年王国とは、政治的・地上的なものではなく、あくまでも信仰的・霊的なものであることを主張し、再臨の教理は決して国体を破壊するものではないと論じた。しかし被告人らを有罪とする裁判所の方針は、すでに決まっていた。結局、弁護人は、情状酌量で被告人の刑の軽減を求めるしかなかった。車田秋次や菅野鋭《すげのとし》をはじめ被告とされた人々の尋問調書や裁判記録、手記等を読むと、当時の実に厳しい状況の中で、信仰を守り抜こうとした彼らの姿勢がよく伝わってくる。

しかしその一方で、官憲の圧力に抗しえなかった人々がいたことも事実である。たとえば第六部（旧聖教会）の牧師をしていた泉田精一は、一九四四年一一月に裁判所に上申書を提出した。彼はこの中で自ら幾度も靖国神社をはじめ諸神社を参拝しており、神社参拝はキリスト教信仰に抵触しないことを述べている。そして中田重治の悪口を並べ立て、罪の軽減を嘆願した。そして「私は此の度の事件により深く強く反省せしめられ、改めなければならぬ数々のもののある事を発見したのであります」とし、「それらは悉《ことごと》く潔《いさぎよ》く此際清算すると共に」、「全き国体観に徹底し国学書殊に古事記、日本書紀、国体の本義、臣民の道其他を精読し歴史にも通じ日本人たるの自覚を持ち自他をよく教へ得る者たらんと期して居ります」と述べている。[*18]

これを読むかぎり、転向の表明であり、戦時下の悲劇の一つと言わざるを得ない。彼は実刑二年、執行猶予四年の判決を受け、家族のもとに帰ることができた。そして戦後再び伝道者に復帰し、日本基督教団ホーリネスの群の要職を務め、牧師として生涯を終えた。戦時下に提出した上申書を彼がどのように受けとめたかは、不明である。

ただ泉田以外の旧第六部の幹部の上申書を調べた上中栄の指摘によれば、泉田のものだけが公にされて、その内容が厳しく批判されているが、他の人々の上申書も彼のものと大差はないとのことである。[*19]

逮捕され、獄死者の一人となった菅野鋭について触れてみたい。彼は一八八四年東京で生まれ、聖書学院で学んだ後、各地で伝道した。一九二〇年以来、横浜ホーリネス教会の牧師となり、ホーリネス教会が分離した際は、聖教会の側に属した。一九四二年の第一次一斉検挙の際に逮捕され、拘置所生活を送った。逮捕翌年の一九四三年一二月肺結核の再発により、獄中死を遂げている。彼の予審調書の一部を引用してみたい。

「係官　君が言うとおりだとして、信条の根拠新旧約聖書を読むと、凡《すべ》ての人間は罪人《つみびと》だと書いてあるがそれに相違ないか。

菅野　それに相違ありません。
係官　では聞くが天皇陛下も罪人なのか。
菅野　国民として天皇陛下のことを云々《うんぬん》することは畏《おそ》れ多いことですが、ご質問に答えます。天皇陛下が人間であられる限り、罪人であることを免《まぬか》れません。
係官　そうすると聖書の中には罪人はイエス・キリストによる十字架の贖罪なしには救われないと書いてあるが、天皇陛下が罪人なら天皇陛下にもイエス・キリストの贖罪が必要だという意味か。
菅野　畏れ多い話ですが、先ほど申し上げました通り、天皇陛下が人間であられる限り、救われるためにはイエス・キリストの贖罪が必要であると信じます。[*20]」

これを読むと、菅野が天皇を現人神とする当時の状況の中で、実に巧みにギリギリのところで答えているのがよくわかる。彼を取り調べた検事の所見が、国家権力の見方を代弁している。

「菅野を取り調べた処、調書の通り、信仰は頑固であり、到底改宗の見込みは望めないので一罰他戒の意味で相当の御処分相成度。[*21]」

すなわち、ホーリネス教会系の逮捕者を処罰するのは、「一罰他戒」の意味があったのである。一九九六年に菅野の十回にわたる尋問調書が、『殉教』という題で出版された。そこにおいては、天照大神に対してはこれを偶像礼拝としてこれを拒み、神社参拝も受け入れ難いと主張している。[*22] ただ第十回尋問調書の最後で、「現在の心境及将来の方針に就て述よ」との問いに対し、次のように答えている。

「今日迄は信仰一本で参りましたが、今度事件にて従来私の歩み来った道に就て新しく反省せられる事柄が種々ございました　改むべき所は改めて新しき道に進み度いと考へて居ります
然《しか》し永年親の代から信仰して来た宗教を　今直ちに捨てると言ふ様には考へて居りません
御寛大の御処置を御願ひ致します[*23]」

これによると、信仰を直ちに捨てることは否定しているものの、「改むべき所は改めて新しき道に進み度いと考えて居ります」と、寛大な処置を受けるためにはやむを得ない状況と思われるが、譲歩を余儀なくされていることがわかる。

次にやはり弾圧による殉教者の一人とされた小出朋治について、取り上げる。彼は聖書学院で学んだ後、各地の福音伝道館で奉仕し、鮮満部長に任命され、京城で伝道したこともあった。ホーリネス系教会に対する第一次一斉検挙の際は大阪西野田教会の牧師をしていた。拘置所生活一年後に病気保釈となり、弱りはてた姿で家族のもとに帰った。その後の公判で四年の実刑判決を受け、直ちに上告したものの却下された。病気により刑の執行を延期されたが、一九四四年末に堺刑務所に入所し、終戦後保釈を前にして獄死している。その頭には傷跡があり、殉教者とされている。なお彼は、ホーリネス弾圧事件の要因の一つとされ、神社参拝を拒否し、獄中死した小山宗祐牧師補に洗礼を授け、聖書学院入学へと導いた恩師であった。

今まで主に教団の第六部（旧日本聖教会）の教職者を取り上げてきたが、ここで第九部（旧きよめ教会）の教職者を紹介してみる。辻啓蔵は、聖書学院を卒業後、中田重治の次女京と結婚し、足利教会で牧会した後、弘前市にある弘前住吉町教会で牧会をしていた。一九四二年六月の第一次検挙において治安維持法違反の容

疑で逮捕され、青森拘置所収監中に懲役二年の判決を受ける。
その公判において、彼は次のように述べ、従来の信仰の清算を表明している。

「聖書絶対無謬ニ立ツ信仰ヲ改メマス」
「キリスト再臨ニ対シテ疑イヲモチマス」
「狂信的信仰ヲ白紙ニ返シ清算シマス」[*24]

これを読むかぎり、それまでの信仰を根本から否定し、従来の自らの信仰を「狂信的信仰」とし、白紙とすることを表明している。

それにもかかわらず、懲役二年の判決を受け、弁護士の勧めにより、大審院に上告した。いったん自宅に保釈され、上告趣意書を提出したものの、上告が棄却され、一九四五年一月一八日、青森刑務所に服役中に病死している。その際の家族への通知は、一片の電報で「シガイ　ヒキトリニクルカ」という非情なものであった。その際の遺骸の引き取りの経緯や、その後の家族の通らされた苦難の生活は、次男の辻宣道の回想に詳しく述べられている。[*25] なお辻宣道については、先にも述べたように、長年日本基督教団静岡草深教会の牧師を務め、教団の総会議長も務めている。[*26]

裁判の結果、百三十四人の検挙者のうち、七十五人が起訴された。そして一九四四（昭和一九）年一二月二七日、ついに判決が下り、車田や米田らの指導者が実刑判決を受け、他の多くの者は有罪とされたが、執行猶予がついた。

こうして有罪の判決が下ったが、首都圏の日本聖教会の被告たちを中心とする多くの者たちは判決に承服できず、上告した。きよめ教会の被告たちの中でも上告する者たちがいた。治安維持法に関しては二審がなく、直接大審院への上告であった。

敗戦直後の一九四五（昭和二〇）年一〇月にＧＨＱ（連合国軍総司令部）の指示により、治安維持法が廃止され、ホーリネス系の牧師たちの上告中の違反事件は大審院で「免訴」という、無実を訴えてきた当事者にとって、甚だ不満足な結末となった。

国家権力によるこの弾圧事件の結果、不自由な獄中生活の中で、獄死者とそれに準ずる死者を合わせると、七人という悲惨な迫害となったのである。

なお二〇一五（平成二九）年国会で強行可決を経て成立した「テロ等組織犯罪処罰法」（共謀罪）は、その内容において現代の治安維持法と言うべきものである。この法案審議の過程で、このときの法務大臣は戦前の治安維持法について、次のように答弁している。

「治安維持法は当時、適正に制定されたものでありますので、同法違反の罪にかかります、拘留・拘禁は適法でありまして、また、同法違反の罪にかかる刑の執行も、適法に構成された裁判所によって言い渡された有罪判決に基づいて、適法に行われたものであって、違法があったとは認められません。したがって、治安維持法違反の罪にかかる拘留もしくは拘禁、または刑の執行によって生じた損害を賠償すべき理由はなく、謝罪、及び実態調査の必要もないものと思われます。[*27]」

このような認識を持つ現在の政権によって、現代の治安維持法とも言うべき法案が強行可決されたことを、我々は現代への警告として真剣に受けとめるべきである。

4　日本基督教団当局の対応と戦後の謝罪

官憲が日本基督教団の中で、特にこれらの群れだけを弾圧したのは、彼らが教団の中で特異な存在で、主流派から孤立した存在であったことから、弾圧に乗り出しても教団全体として彼らの擁護や支援をすることはないだろうと見通した可能性もあった。事実、これらの検挙事件やその後の裁判においても、日本基督教団当局がとった対応は、冷淡極まるものであった。

第一次一斉検挙の直後、教団は総務局長名で全国の教区長、支教区長に次のような通達をした。すなわち、「軽々しき行動を慎み、暫《しばら》く成行を静観すること」と、教師は一層時局認識を深め、「皇国民たるの自覚に立ち、臣道の実践を志し、周囲に誤解せられざるやう努むること」を求めた。[*28] そして極力災いが自分たちに及ぶことを避けるために、彼らと自分たちの違いを強調した。何人かの教団幹部は当局の処置を英断として歓迎したほどである。たとえば、教団の第四部主事菅谷仁は次のように発言している。

「此の度の国家としての御処置は実に大英断であつて、其の上血も涙もある実に親心の籠《こも》つた御処置であり、真に自分乍《なが》ら喜んでゐる次第であります。……彼等の熱狂的信仰は我々教団のみでは手の下し様もない位気違ひじみてゐる為、これを御当局に於て処断して下さつたことは教団にとり幸であつたと思ふ。[*29]」

また教団の山梨県支教区長小野善太郎は、こう発言している。

「大局的見地から云へば斯うした不純なものを除去することに依つて、日基教団の如何なるものかが一般に認められて今後の運営上却《かえ》つて好結果が得られるのではないかと考へ当局の措置に感謝してゐる次第である。[*30]」

いかに時局に迎合した発言とはいえ、同じ教団に属するはずの群れの受難への同情のかけらも感じられない。ここに取り上げたのは二人だけであるが、ほかにも何人かの人々が当局の措置を歓迎するとしている。[*31]この弾圧事件で逮捕され、実刑判決を受けた米田豊は、日本基督教団の対応について次のように証言している。

「日本基督教団に取っては、われらは迷惑至極の存在であったに相違ない。少数の同情者を除いては好意的でなかったことは事実であり、またそれは当然であろうが、当時の幹部のある人が、私も個人的に交際なく、ホーリネス教会をも直接に御存知ない癖に、私の証人として誤解と偏見によるホーリネス教会観を述べたのを、判事に読み聞かされて啞然とした。[*32]」

当時の教団統理としてこの事態に対処した富田満は、「教団にとつて洵《まこと》に悲しむべき出来事であり、統理者としても充分其の責任を感じてゐる」としながらも、「今回の事件は比較的学的程度が低く且聖書神学的素養不充分の為、信仰と政治と国家といふものを混同して考へた結果」と語り、ホーリネス系教会の信仰のあり方そのものが弾圧の理由となったとみなしている。[*33]

そのうえで、「今尚純信仰（純福音）派と自称して今回結社禁止処分を受けた団体の信仰内容に似通つた信仰理念を抱持してゐる教役者も相当多数に上る」と思われるので、こうした教役者に対しては「地域的に一堂に集め再錬成をなし、統一的教理信条を確立したい」と抱負を述べている。[*34]

一九四四年一一月の第八回公判において、当時日本基督教神学専門学校の教授をしていた桑田秀延と日本基督教女子神学専門学校長をしていた渡辺善太が証人として出廷した。桑田は、逐語神言説に立つ場合は聖書の意味を誤る恐れがあり、日本聖教会は正統派教会とは思わないと証言している。そして「もし日本聖教会の方々のために錬成会をするというならば、及ばずながら誤れる聖書の解釈法などを正しくさせるために努力したいと思います」と結んでいる。[*35]彼は、ホーリネス系の人々の聖書解釈は誤っているとして自分たちとの違いを明確にし、弁護的な発言は一切していないのである。戦後になって、桑田は、自伝『神学とともに五〇年』の中で、このときのことを次のように述べた。

「この問答の間、私は後方におられるホーリネスの先生方のことをもちろんたえず意識したが、それらの先生方のことを何ら弁護することなく（もちろん悪くいうこともなく）、私は教団が終末の信仰についてどう考えるかについて述べた積りであった。ホーリネスの先生方に対して相すまぬようにも思ったが、事実何も知らないものが無責任な事はいえない、渡辺善太氏が十分に証言してくれるだろうことを期待して帰った。この私の証言をホーリネスの先生またほかの方々が、どんなふうにうけとられたかは知らない。……しかし私としてはあの場合あのような態度に出るほかなかったことをもう一度申し上げる。[*36]」

これに対し、渡辺のほうはかつてホーリネス教会にいたこともあり、ホーリネス系教会の教理や分裂の経緯についてもよく知っていた。そして結論的に、「日本聖教会は正統派ですか」との問いに、「そうです」と明確に答えている。[*37]

一九四三年四月、文部省は宗教団体法に基づき、旧第六部と旧第九部所属の教会設立認可の取り消し処分と、教師についてはその職を辞任させるべきことを、日本基督教団の富田満統理に通知した。教団はこれを受けて、獄中にある教師たちとその家族に通達した。その内容は、教会の設立認可の取り消し処分と、教師については自発的に辞職することを求めたものである。しかも、もし自発的辞任に応じなければ、教団規則に基づいて教師の身分を「剝奪」することを申し添えている。すなわち、ここにおいて教団当局は、彼らを擁護するよりも、文部省の下請け機関となっているのである。[*38]

小野静雄は、『日本プロテスタント教会史（下）昭和篇』において、次のように鋭く考察している。

「教団当局者は、一方でホーリネス事件に深刻な危機感を抱いたが、他方、ホーリネス系教会を『異分子』として分離することで、より『健全』なキリスト教団を結成しうる安堵の思いをいだいた。[*39]」

こうした結果、指導者を失い、官憲による教会の解散命令を受けたホーリネス系の信徒たちは、文字どおり飼う者なき羊として散らされた。他の教会に移った者はまだしも、信仰を失った者もあった。特に逮捕、投獄され、裁判を受けた教職者およびその家族は、非国民として厳しい偏見や差別を受け、貧困の中で多くの辛酸を舐めた。『ホーリネス・バンドの軌跡』には、「苦難を共にした伝道者の家族と信徒」という項で、十二名の教職者の家族の悲惨な記録が記されている。[*40]

一九八四（昭和五九）年一一月、ようやく日本基督教団は当時の処置の誤りを認め、教団総会においてそれに関する決議文を発表した。その時の決議文は以下の内容である。

「議案第六十三号
　　旧六部、九部、教師及び家族、教会に謝罪する件
議案
　日本基督教団は第二十三回教団総会の名において、次の決議をする。
　日本基督教団は第二次世界大戦中に旧六部、九部の教師に辞任を強要し、事実上教師籍を剝奪するという誤りを犯したことを認め、主の前にその教師、家族、教会に対して、心からの謝罪をいたします。[*41]」

石浜みかる著『紅葉の影に——ある牧師の戦時下の軌跡』によれば、この謝罪決議はその前年に出版された『ホーリネス・バンドの軌跡』の影響が大きいとされている。[*42]この書は、官憲の弾圧による獄死者と生き残った者たちによる、八百頁に及ぶ膨大な証言集であり、ホーリネス系諸教会も含め、キリスト教界がその弾圧の詳細を初めて知ったのであった。
　日本基督教団は、この決議に基づき、当時の総会議長後宮《うしろく》俊夫の議長名で、謝罪文を日本基督教団の各教区の議長および副議長が持参するか、郵送するかして全国の関係者百六十三名に届けた。しかし関係者がすべて謝罪をすんなりと受け入れたわけではなく、受理した者は半数余りにとどまった。しかし最終的に一年後、現存牧師と遺族の立場で謝罪を受け入れた。[*43]
　これを受け、一九八六年一一月に箱根小涌園で、「旧六部、九部教師および家族、教会に謝罪し悔い改めを表明する会」が開かれ、旧六部・九部に所属していた牧師、遺族五十二人が出席した。集会の中で後宮俊夫総会議長は、「当時の教団は検挙による教師弾圧を静観していた。教会の枝と考えていなかったわけでは

ないが、〝イエスは主〟との告白の不徹底で、イエスの共同体より国家の主権を優先させてしまった」と語り、そのことを謝罪した。[*44] 式後、出席者は一人ひとり紹介され、この集会は大きな感動を呼んだのであった。

しかし土肥昭夫は、『日本プロテスタント・キリスト教史論』の中で、次のように厳しく批判している。

「もとよりこれらの事は必要であろう。しかし、教団が現時点においてなぜ謝罪するのか、戦時下におけるあやまちの本質は何か、そこからあやまちをくりかえさないために、どのような事をしようとするか、といった問題は残された。[*45]」

この問いに対しては、まだ十分な答えがなされているとは言い難く、なおも考察されるべき課題である。

注

1 中村敏『日本キリスト教宣教史』いのちのことば社、二〇〇九年、二五四〜二五五頁
2 米田豊・高山慶喜『昭和の宗教弾圧——戦時ホーリネス受難記』いのちのことば社、一九六四年、一二頁
3 奥平康弘『治安維持法小史』筑摩書房、一九七七年、二五五頁
4 ホーリネス・バンド昭和キリスト教弾圧史刊行会編『ホーリネス・バンドの軌跡——リバイバルとキリスト教弾圧』新教出版社、一九八三年、四九八頁
5 『日本キリスト教宣教史』二五四頁
6 『昭和の宗教弾圧——戦時ホーリネス受難記』二二〜二四頁
7 役重善洋『近代日本の植民地主義とジェンタイル・シオニズム——内村鑑三・矢内原忠雄・中田重治にお

けるナショナリズムと世界認識』インパクト出版会、二〇一八年、二九一～三四七頁
8　坂本幸四郎『涙の谷を過ぎるとも――小山宗祐牧師補の自殺』河出書房新社、一九八五年
9　米田勇編『中田重治全集　第四巻』中田重治全集刊行会、一九七五年
10　『ホーリネス・バンドの軌跡――リバイバルとキリスト教弾圧』四五七頁
11　同書、四七九頁
12　日本基督教団史編纂委員会『日本基督教団史』日本基督教団出版局、一九六七年、一四七～一四八頁
13　同志社大学人文科学研究所・キリスト教社会問題研究会編『戦時下のキリスト教運動2――特高資料による　昭和十六年↓昭和十七年』新教出版社、一九七二年、二三四頁
14　同書、二三八頁
15　久山康編『近代日本とキリスト教――大正・昭和篇』基督教学徒兄弟団、一九五六年、三五〇頁
16　富坂キリスト教センター編『十五年戦争期の天皇制とキリスト教』新教出版社、二〇〇七年、四四三頁。なお、戦時下のホーリネス弾圧については、キリスト教史学会編『戦時下のキリスト教――宗教団体法をめぐって』（教文館、二〇一五年）の第五章「ホーリネス」の上中栄論文に詳しく論じられている。
17　同志社大学人文科学研究所・キリスト教社会問題研究会編『戦時下のキリスト教運動3――特高資料による　昭和十八年↓昭和十九年』新教出版社、一九七三年、一二八頁
18　『戦時下のキリスト教運動2』四〇九～四一四頁
19　『十五年戦争期の天皇制とキリスト教』四四〇頁
20　小池健治・西川重則・村上重良編『宗教弾圧を語る』岩波書店、一九七八年、一七三～一七四頁
21　同書、一七五頁
22　土屋和彦編『殉教――菅野鋭牧師訊問調書』ＨＡＮＡ出版、一九九六年
23　同書、二一六頁

24　辻宣道『嵐の中の牧師たち――ホーリネス弾圧と私たち』新教出版社、一九九二年、一〇〇頁
25　『ホーリネス・バンドの軌跡』六六六頁。辻宣道『教会生活の処方箋』日本基督教団出版局、一九八一年、七～九頁
26　本書一四〇頁参照
27　日本福音同盟社会委員会『テロ等準備罪法案の問題点について』二〇一七年六月一四日発行
28　『日本基督教団史資料集　第二巻』日本基督教団出版局、一九九八年、一二五～一二六頁
29　『戦時下のキリスト教運動3』一四四頁
30　同書、一四五頁
31　同書、一四四～一四六頁
32　『ホーリネス・バンドの軌跡』四三九頁
33　『戦時下のキリスト教運動3』一四四頁
34　同書、一四五頁
35　『ホーリネス・バンドの軌跡』五四四～五四五頁
36　桑田秀延「神学と共に五十年」、『桑田秀延全集　第五巻』キリスト新聞社、一九七四年、一一五頁
37　『ホーリネス・バンドの軌跡』五四六～五四七頁
38　『日本基督教団史資料集　第二巻』一三二頁
39　小野静雄『日本プロテスタント教会史（下）昭和篇』聖恵授産所出版部、一九八六年、一九四頁
40　『ホーリネス・バンドの軌跡』六二五～七〇六頁
41　基督聖協団飯田教会編集委員会編『ひとすじの火の流れ――創立五十周年記念誌』基督聖協団飯田教会、一九九一年、一〇七頁
42　石浜みかる『紅葉の影に――ある牧師の戦時下の軌跡』日本基督教団出版局、一九九九年、二五九～二六

〇頁
43 同書、二六〇、二六一頁
44 『キリスト新聞』一九八六年一一月二九日号
45 土肥昭夫『日本プロテスタント・キリスト教史論』教文館、一九八七年、二三二頁

第一三章　戦前篇のまとめ

以上ここまで、中田重治とホーリネス教会の初期から戦時下までの歩みをまとめてみた。本文でも繰り返し述べてきたように、プロテスタント・キリスト教の福音は、主に欧米の宣教師を通し、欧米文化とともに日本に伝えられた。初期においてその最も積極的な受容者は旧士族層であり、その後もキリスト教の構成者の中核は、都市中心でホワイト・カラー、インテリ層であったと言える。

日本のプロテスタント・キリスト者を代表する植村正久の牧会する富士見町教会、海老名弾正の牧会する本郷教会、小崎弘道の牧会する霊南坂教会等において、その教会員の多くは当時のインテリ層から成っていた。無教会の指導者である内村鑑三の集会に集う会衆の多くも、学者、大学教授、帝大生やその卒業生らを中心とする超エリートであった。

植村正久にいたっては、自分の牧会する教会の構成員が知識人やエリート層であることを誇る一方で、中田重治を「キリスト教界の香具師《やし》」（香具師とは、『広辞苑』によれば、「縁日・祭礼などの人出の多い所で見世物などを興行し、また粗製の商品などを売ることを業とする者」）呼ばわりしたと伝えられるほどである。[*1] 中田自身、「聖霊派のあだ名」と題する文章で、聖霊派の人々が一般の教会から、「病的だの、迷信だの、軽薄だの、感情的だの、無学だの、から騒ぎするなど」と批評されていることを紹介している。[*2]

『近代日本の民衆キリスト教』の著者池上良正によれば、日本のキリスト教会では、癒しなどのご利益を重視する信仰を嫌い、「少数精鋭の『良質』の信徒を育てることに精力を集中しようという傾向が強い」とされる。[*3]

古屋安雄も『日本のキリスト教』において、なぜ日本のキリスト教会が一パーセントの壁を越えられないのかについて考察し、次のように指摘する。すなわち、「宗教とは本来、民衆のものであり、下層階級のものではないのだろうか。現代の言葉で言えば、宗教とは大衆のものだということである」[*4]。しかし、「これまで、日本のキリスト教はこの民衆の宗教、大衆の宗教とは殆ど無縁であった。相手にしてきたのは、日本宗教の海面だけであった。つまり、知識階級だけであった」[*5]。こうした方向を転換することこそが、一パーセントの壁を越える道であると提起している。

そうしたなかで、中田重治やカウマン夫妻に率いられた東洋宣教会、そしてホーリネス教会の伝道姿勢は、終始一貫当時の「平民」と言うべき一般大衆を対象としたものであった。路傍伝道、天幕伝道、全戸トラクト配布等様々な伝道方法を駆使し、「霊魂狩り」とも称する熱烈な伝道を行い、日本中に伝道戦線を広げ、大正・昭和の二度のリバイバルを経て、約二万名の会員を擁する大きな群れに急成長した。その伝道は日本国内にとどまらず、極東アジア、北米・南米、南洋にまで広がっていき、日本のプロテスタント史上、大衆伝道に成功した貴重な実例として高く評価することができる。

しかしながら、こうした中田重治とホーリネス教会の歩みが、分裂という残念な結末に陥ったのはなぜであろうか。こうした大衆伝道路線には、成果と同時に落とし穴があったのではないだろうか。そしてそこに、今日の我々への教訓があり、警告があると言えよう。

ホーリネス教会の躍進は、中田重治という傑出した、カリスマ的指導者の存在とそのリーダーシップに負うところが非常に大きかった。彼の号令のもと、四重の福音を掲げ、昭和初期のリバイバルにおいては、再臨の切迫感とユダヤ民族のための祈りに集中していった。最終的には、一九三三（昭和八）年九月の聖書学院教授たちへの中田書簡により分離が引き起こされるのであるが、そこまで基本的に群れは、中田監督の聖書理解、特に再臨信仰に従い、突き進んできたのであった。

そこには古典的な名著である、ギュスターヴ・ル・ボンの『群衆心理』が指摘する現象が、顕著に見られるのではないだろうか。

「強烈な信仰が、大きな暗示力を彼等の言葉に与える。常に大衆は、強固な意志を具えた人間の言葉に傾聴するものである。群衆中の個人は、全く意志を失って、それを具えている者のほうへ本能的に向うのである。[6]」

これと結びつく群衆心理について考察した大田俊寛は、『オウム真理教の精神史』の中で、指導者は「緻密に組み立てられた理性的な議論によって群衆を説得する、ということではない。むしろ指導者は、論理的に反駁することのできない次元の事柄を、強い意志のもとに無条件に断言し、その言葉を幾度となく反復するのである」とされる。[7]

さらにル・ボンによれば、「断言された事柄は、反復によって人々の頭のなかに固定して、遂にはあたかも論証ずみの真理のように、承認されるにいたるのである」[8]。こうしたル・ボンの指摘は、特に昭和初期のリバイバルの高揚の中で、「携挙！　携挙！」と反復し、ユダヤ民族の回復とそれに伴う日本民族の救いを声高に叫び、熱狂的な再臨信仰へと進んでいった中田重治率いる、当時のホーリネス教会の状況に当てはまると言えよう。

そしてそれは、緊迫する時代状況や閉塞状況の中で、強烈な指導者が登場するとき、いつでも起こり得たし、今日においても無縁ではない。現代においては、第二部で指摘するように、SNSによって瞬時に拡散するフェイク・ニュースの類によって一般大衆が容易に世論操作されることに結びついていく。

このことと結びついて、指摘したいことはホーリネス教会の大衆伝道、特にリバイバルの進展において、体験重視・感情重視が顕著であったことである。確かに伝統的・主流派の教会が、次第に組織化され、学問的になり、信仰が観念的なものになっていったことに対し、ホーリネス教会をはじめとする純福音派は生き生きとした聖霊体験を強調し、癒しや聖潔体験を現実のものとして重要視していった。

本文でも引用したが（八四頁）、大内三郎が次のように指摘しているとおりである。

「『純福音派』はキリスト教徒の感情、心情を燃やし、主体的に信仰を生き生きと覚醒せしむるにあずかって大きな役割を果たした。それはどちらかというと感情的であった。それは否定できない。しかし、感情的であったために、これまでともすると、インテリ、学生、ホワイトカラーの階層に属するものがキリスト教会を占めていたが、純福音派は、その平板な知識、思想としてのキリスト教とは異なった、人間を燃え上がらせる信仰を示したのである。[*9]」

ここでは、ホーリネス教会に代表される純福音派の信仰の特色がよく描写され、評価されている。しかしこの体験重視・感情重視の信仰のあり方は、同時にもろ刃の剣ともいうべきである。

渡辺善太は、『中田重治傳』の巻末の「中田重治とホーリネス信仰」の中で、中田重治やホーリネス教会の信仰の長所や貢献を十分指摘したうえで、その欠陥についても率直に指摘している。彼によれば、カウマン・中田重治伝道の欠陥は、「体験を誤り用いた点にみられる」とされる。すなわち、「体験とは厳密に聖書的に云えば、感情的なものでなく、霊性に深く神の言葉がとどいた点に於て起る自覚を指している」ものである。[*10]「処がホーリネス運動に於ては、屡《しばし》ば感情の昂揚《こうよう》が伴わなければ真体験ではないような教が与えられてきた」と指摘する。渡辺善太は、そのうえでこう指摘する。

「第二にそれは、この体験が『つきぬけて』神学的になってこなかった処に見出される。否、それはこの神学否定という処に見出される。抑《そもそ》も体験というものは、そこにのみ留ることの出来ない事である。処が今までホーリネスの人々の間に於ては、自己の体験の中に『グルグル廻り』をし、そこをつきぬけることをせず、そしてそこに自己満足を求め、そこに快感を感ずるという、人間的弱点が露呈せられている。[*11]」

実に厳しい指摘であるが、的を射た鋭いものである。渡辺は結論として次のように主張する。

「ホーリネスの人々は、屡々『体験なき』神学者を笑う。しかし私はそれを笑うのみならず、『神学なき』体験者をも笑い度い。私はこのことをよくカントの有名な言葉をもじって、『体験なき神学は空虚にして、神学なき体験は盲目なり』と云ってきた。[*12]」

まさに体験至上主義とも言うべき志向に対する厳しい指摘である。「神学なき体験は盲目なり」と言われるように、伝統的な四重の福音から逸脱した、中田重治監督が強調する再臨観と日猶同祖論、愛国主義が混然一体となった路線へ多くのホーリネス信者が追従していったのである。

第一部でも触れたように、土肥昭夫は『日本プロテスタント・キリスト教史』の中で、中田重治とホーリネス教会の体質を考察した結果、次のように指摘した。

「この教会の教理的・神学的一致といっても、実は彼の見解への統合、服従を意味した。そこに内在する問題が一九三〇年代の分裂となって顕在化していったのである。[*13]」

中田の見解への統合・服従を拒否した委員派の人々が去った後は、いっそう中田の見解は徹底していった。その後のきよめ教会においては、国策としての八紘一宇や満蒙の植民地支配、ユダヤ人政策と容易に結びついていったと言える。

しかしこのことは、当時のホーリネス教会だけではない。戦前の日本の海外宣教も多くの場合、指導者のリーダーシップのもと、日本の植民地支配や軍政と無批判的に結びつき、宣撫工作的役割を結果として担っていった。これについて、『天皇制国家と植民地伝道』の中で、中濃教篤は次のように指摘している。

「『伝道』とか『布教』とかは政治を超越したものなるが故に、すべて『聖』であり、『善』であると思いがちであるが、個人の主観と客観的役割とが合致しないことは意外に多いのである。従ってその点については、伝道者たるもの厳に自己を戒めなければなるまい。そうでないと、『小善』が『大悪』に転化することにならないとも限らないからである。[*14]」

この指摘は、前述したように中田重治が提唱する海外伝道、特にユダヤ人問題と結びついた満蒙伝道に傾斜していった点に繋がると言えよう。日猶同祖論やディスペンセーション主義と結びついた世界宣教への号令と実践が、本人たちの意図とは別に、結果的に当時の政府の国策に組み込まれてしまったと言えるのではないだろうか。

その点において、指導者たる個人やその率いる群れの主観的熱心や使命感は大事であるが、その客観的役割を判断する歴史の考察も実に重要であるということを今日の私たちに教えている。

第二部では、こうした歴史的な考察を踏まえ、中田重治およびホーリネス教会と日猶同祖論、ディスペンセーション主義、ピラミッド型のタテ社会の日本的構造を個別にさらに掘り下げて考察し、今日の日本や世界の状況と関連させせながら論じていくことになる。

注

1 米田勇著『中田重治傳』中田重治伝刊行会、一九五九年、三三八頁
2 米田勇編『中田重治全集　第七巻』中田重治全集刊行会、一九七四年、七〜八頁
3 池上良正『近代日本の民衆キリスト教――初期ホーリネスの宗教学的研究』東北大学出版会、二〇〇六年、一七〇頁
4 古屋安雄『日本のキリスト教』教文館、二〇〇三年、二二頁
5 同頁
6 ギュスターヴ・ル・ボン著、櫻井成夫訳『群衆心理』講談社、一九九三年、一五二頁
7 大田俊寛『オウム真理教の精神史――ロマン主義・全体主義・原理主義』春秋社、二〇一一年、一三二頁
8 『群衆心理』一六〇〜一六一頁
9 海老沢有道・大内三郎『日本キリスト教史』日本基督教団出版局、一九七〇年、四五二頁

10　渡辺善太「中田重治とそのホーリネス運動」、米田勇著『中田重治傳』中田重治伝刊行会、一九五九年、五六四頁
11　同書、五六六頁
12　同書、五六七頁
13　土肥昭夫『日本プロテスタント・キリスト教史』新教出版社、一九八〇年、一六二頁
14　中濃教篤『天皇制国家と植民地伝道』国書刊行会、一九七六年、二頁

第一四章　戦後のホーリネス系諸教会の歩み（一九四五年〜現在）

一九四一（昭和一六）年に成立した日本基督教団は、その成立過程を見てわかるように、宗教団体法に基づく政府・文部省の圧力による要因が決定的であった。日本の敗戦後、いち早くＧＨＱ（連合国軍総司令部）は「政治的社会的及び宗教的自由に対する制限除去の件」、いわゆる「人権指令」を発令した。これにより、キリスト教をはじめ宗教や思想弾圧の根拠となっていた治安維持法や宗教団体法等は廃止された。そして一九四五年の一二月に新たに「宗教法人令」が発令された。こうした一大変化に伴い、教団にとどまる法的かつ信仰的必然性を認めなかった群れは、続々と日本基督教団を離脱した。その際彼らは多くの場合、再来日した欧米の関係ミッションの支援を受け、自分たちの教派を再建した。

ホーリネス系の諸教会は、以下に記すように、日本基督教団にとどまったグループもあったが、来日した東洋宣教会との協力のもとに群れを再建したり、独自に再建したり、或いは新設したりと対応が分かれている。戦後設立された諸教団が、その後さらに分裂していることも見落とすことができない事実である。

四重の福音やウェスレアン・アルミニウス神学の基本的な立場を共有しながら、戦前・戦後とこの系統の群れが分裂を繰り返したことについて、ここで渡辺善太の指摘を引用したい。

彼は、先述のとおり、『中田重治傳』の巻末に「中田重治とそのホーリネス運動」という文章を掲載している。この中で、カウマン・中田伝道の「貢献」について十分に評価した後に、その「欠陥」についても率直に指摘している。その三番目の欠陥として挙げたのが、「教会信仰の欠如」という点であった。彼によれば、東洋宣教会は元来既成教会の強化や覚醒を目指すものであった。しかし、カウマン・中田伝道の「欠陥」は、「この人々の間に導かれた者に正しくかつ堅い教会信仰を与えることができなかったことに於いて見出される」と教会論の弱点ということを鋭く指摘している。*1

『日本ホーリネス教団史』においても、巻末の「回顧と展望」の中の「これからの問題点」で、次のように指摘されている。

「私たちの教会の生い立ちの関係で、伝道的である割合に『教会』観が不十分であった事が反省される。『教会』は誰かの教会でなくてキリストの教会であり、キリストは教会の首（かしら）である、牧師も信徒も**キリスト**に仕えるのであるという根本観念を確立すべきである。*2」

注

1　米田勇著『中田重治傳』中田重治伝刊行会、一九五九年、五六七～五六九頁

2　山崎鷲夫・千代崎秀雄『日本ホーリネス教団史』日本ホーリネス教団、一九七〇年、九六頁

1　日本ホーリネス教団

戦前のホーリネス系教会のうち旧日本聖教会は、日本基督教団の第六部に所属し、官憲の厳しい弾圧の中を通った。この群れは、戦後、日本基督教団からの離脱を巡って二つに分かれた。当初は、日本基督教団内

にあってホーリネスの群として連帯を保ちつつ、聖潔の信仰を守り、証ししていこうという考えが大勢であった。

しかし東洋宣教会のF・サベージの来日により、局面が変わってきた。東洋宣教会からの協力の申し出を受け、日本基督教団にとどまっていたのではホーリネスの信仰を保てないと最終的に判断した人たちは、日本基督教団を離脱し、一九四九（昭和二四）年六月に日本ホーリネス教団を結成した。初代総理には車田秋次が就任し、指導者としては彼のほか山崎亭治、尾花晃らが挙げられ、米田豊も翌年加わった。日本ホーリネス教団は東洋宣教会の協力を受けつつ、東京聖書学院を設立し、全国的に伝道を展開していった。

一九六三（昭和三八）年、東京聖書学院は教団本部とともに現在地の東村山に移転し、新たな歩みを始める。約六千坪と広く、施設も立派になった。この聖書学院は東洋宣教会とホーリネス教団の共同経営であり、それまで神学校経営において宣教団に依存していたあり方から、日本の教会の成長に伴い、共同経営となったのである。

〈参考文献〉

山崎鷲夫・千代崎秀雄『日本ホーリネス教団史』日本ホーリネス教団、一九七〇年

2 日本基督教団・ホーリネスの群、ウェスレアン・ホーリネス教団

【日本基督教団・ホーリネスの群】

一方、日本基督教団にとどまって、「強固な団結」をもってホーリネスの信仰を保つことを目指した人々

は、「ホーリネスの群」として、引き続き教団にとどまった。指導者としては小原十三司、一宮政吉、小出忍らが挙げられる。「ホーリネスの群規約」には、四重の福音に立つことが明記されている。[*1]

群れの教職養成のため、一九五〇年に東京聖書学校が設立された。ウェスレアン・アルミニウス主義の神学的立場を堅持し、「聖書的・実践的ホーリネスの宣教に貢献しうる伝道者」の養成を掲げている。東京聖書学校は、一九五四年に日本基督教団認可の神学校となった。その認可基準を満たすために、教団から派遣された北森嘉蔵らを教授陣に受け入れた。

【ウェスレアン・ホーリネス教団】

一九七〇年代以降、大阪万国博覧会開催に端を発した教団の路線対立の激化の過程で、もはや日本基督教団にとどまることができないと考えたホーリネスの群の人々は、教団を離脱して一九八七年に「ホーリネスの群教会連合」を設立した。さらにその後、教団を離脱した人々が、一九八八年に「ホーリネス福音同志会」を設立する。この両団体は、教職者養成のため、一九八八年にウェスレアン・ホーリネス神学院を設立し、小出忍が院長に就任した。

その後この二つの団体は、一九九二年に合同し、「ウェスレアン・ホーリネス教会連合」を設立し、その後「ウェスレアン・ホーリネス教団」となって今日に至っている。

なおそのまま日本基督教団にとどまった群れの人々もあり、東京聖書学校も続けている。

注

1　小出忍編著『ホーリネスの群略史』ホーリネスの群、一九七四年、一二九頁

〈参考文献〉

小出忍編著『ホーリネスの群略史』ホーリネスの群、一九七四年
『ホーリネスの群と教団の軌跡』ホーリネスの群、一九八二年
小出忍『小出忍とその時代』ウェスレアン・ホーリネス教会連合・連合ホーリネス中央教会、一九九八年

3　基督兄弟団、基督聖協団

【基督兄弟団】

旧きよめ教会の信仰を受け継ぐ基督兄弟団は、一九四六年二月に設立された。戦前のきよめ教会（日本基督教団において第九部所属）に所属していた森五郎、田中敬止、谷中廣美らが指導者であった。当初は新教団について、次のように謳っていた。

「此の新教団は何教派にも属さない、また何派の人をも歓迎する広い心を持つ聖書の福音を我が国に伝道する教団です。[*1]」

このように超教派の精神に立ち、広大な千葉県の陸軍下志津航空地跡を借り受け、聖書農学園を開校した。聖書農学園は開校時、神学部約二十名、農事部には約十名、英語学校には六十名の生徒を受け入れて発足した。当初は、谷口茂壽《たにぐちしげとし》や小塩力《おしおつとむ》、馬場嘉市ら旧きよめ教会に属さなかった教職も加わっていた。

戦時下で獄死した辻啓蔵の次男、すなわち中田重治の孫にあたる辻宣道もこの聖書農学園の神学部で学んだ。彼の著書『嵐の中の牧師たち――ホーリネス弾圧と私たち』では、そのころのことが生き生きと回想されている。

「学校の名は聖書農学園と言い、無教派を標榜して伝道者の養成を始めた。そこに一人の神学生が誕生したのである。

私はここで小塩力、松尾喜代司、馬場嘉市という人々を識った。教師も学生も一緒になって開墾し、芋を作りそれをたべながら神学を学んだ。人々はそこをビュウラの地（イザヤ六二・四）と呼んだ。遠大な計画がたてられ、トラクターが土を掘り起こしていった。有能な人材が集まり、中学・高校と併設され、それはちょうどイスラエルの建国を見るようであった。すくなくともこの学校の初期の理想は高く評価されてよい。[*2]」

この働きに加わった谷口茂壽の伝記によれば、戦後彼は中田羽後から聖書農学園のビジョンを示され、「この地を新日本再建の地であるという信仰をもって」引き受けている。しかし、「土地をめぐる問題から理想をめざした教団は、訴訟沙汰に巻き込まれて」しまった。谷口は一九四九年に基督兄弟団を退団し、練馬神の教会を再スタートさせている。[*3]その後、玉川聖学院を設立する。

このように聖書農学園の理念や広大な施設の使用法をめぐって指導者たちの間に対立が生じ、結果としてこの学園はナザレン教団のエコール宣教師が引き継ぎ、後に日本基督教短期大学となった。[*4]

この学園の創立に関わった人々の中で、基督兄弟団出身の人々は一九四七年、茨城県の美里町羽鳥に広大な土地を取得し、基督兄弟団聖書学院を開校し、森五郎が初代院長に就任した。
発足当初は超教派を謳っていた指導者たちが、この教団を旧きよめ教会の信仰を継承する団体であると位置づけたため、それ以外の人々はこの教団を去っていった。
基督兄弟団は、やはり四重の福音の信仰に立ち、特に再臨、イスラエルの救い、祖国の救いのための禱告を重んじる。積極的な伝道を全国に展開している。

【基督聖協団】

一九五八年、基督兄弟団を離脱した二十八教会が、東京の練馬教会に集まり、森五郎を指導者として「基督聖協団」を結成した。教理的には、四重の福音を強調し、イスラエルの回復と日本民族のリバイバルのための禱告を重んじる点で、基督兄弟団とほぼ同じである。
『基督聖協団三十周年記念誌　あけの星』の沿革史の中の、「草創の時代」では、「この教団が生まれ出る経緯、また原因など、過去を尋ねることは、今はやめよう」と主張している。しかし、「基督聖協団発足に思う」とする文章においては、基督兄弟団からの分離が、「相互の益という見地からする教派上、制度上の分袂であって、信仰上、教理上の分袂ではなかった」としており、教団運営に関するリーダーシップをめぐる問題がそこにあったことをうかがわせる。[*5]
教団の設立された年に、基督聖協団聖書学院が千葉市に設立され、教職養成がなされている。

注

1　『完成を目指して――基督兄弟団創立五十周年・基督兄弟団聖書学院創立五十周年』基督兄弟団出版部、

一九九六年、二二二頁
2　辻宣道『嵐の中の牧師たち――ホーリネス弾圧と私たち』新教出版社、一九九二年、一七～一八頁
3　『人と信仰――谷口茂壽』玉川聖学院、一九九二年、二七、二八頁
4　中村敏『日本プロテスタント神学校史』いのちのことば社、二〇一三年、二八七頁
5　基督聖協団創立三十周年記念誌編集委員会編『基督聖協団創立三十周年記念誌　あけの星』基督聖協団本部、一九九〇年、五一、五五頁

〈**参考文献**〉

『完成を目指して――基督兄弟団創立五十周年・基督兄弟団聖書学院創立五十周年』基督兄弟団出版部、一九九六年
辻宣道『嵐の中の牧師たち――ホーリネス弾圧と私たち』新教出版社、一九九二年
基督聖協団創立三十周年記念誌編集委員会編『基督聖協団創立三十周年記念誌　あけの星』基督聖協団本部、一九九〇年

4　イムマヌエル綜合伝道団、日本聖泉基督教会連合

【イムマヌエル綜合伝道団】

イムマヌエル綜合伝道団は、一九四五年一〇月、蔦田二雄、山本岩次郎、大橋武雄らによって創立された。創立者となった蔦田は、戦前、日本聖教会の教師として伝道牧会や神学教育に挺身し、投獄経験を持っている。投獄中に与えられたビジョンをもとに、戦後いち早く日本人による独立自治の教団として出発する。信

仰は、Ｊ・ウェスレーの唱えた「キリスト者の完全」の教理を強調するウェスレアン・アルミニウス神学に堅く立つ。

教団名に「綜合」とあるのは、狭義の宣教のみならず、医療、教育、農耕を含む綜合的な伝道を目指したからである。こうした理念のもとに精力的に全国に伝道した。教職者の養成のために、一九四九年、イムマヌエル聖宣神学院が設立された。この群れは海外宣教にも早くから熱心に取り組んでいる。

【日本聖泉基督教会連合】

一九六九年に、信仰の実践上相容れなくなり、イムマヌエル綜合伝道団を離脱した諸教会は、山本岩次郎を中心として「日本聖泉基督教会連合」を設立する。発足時の教役者数は二十一名、信徒数は千四百名余とされている。今日、所属の教会は九教会である。信仰の立場としては、やはりウェスレアン・アルミニウス神学に立っている。

〈参考文献〉

イムマヌエル綜合伝道団五〇周年刊行委員会『聖宣・振り返って目を上げて――イムマヌエル五〇年の歩み』イムマヌエル綜合伝道団、一九九五年

5　東洋宣教会きよめ教会（東洋宣教団きよめキリスト教会）

一九四六年一一月に、東洋宣教会きよめ教会が再建される。戦前この群れは日本基督教団に参加せず、県

知事認可の宗教結社の道を選んだ。戦時中は官憲の弾圧を受け、尾崎喬一をはじめとする幹部は投獄され、教会は結社禁止処分を受けた。

戦後、尾崎を主管者として再建された東洋宣教会きよめ教会は、戦前のホーリネスの信仰である四重の福音の教理を受け継ぎつつ、イスラエルの民族的救いと日本民族の救いの達成のための禱告に努めている。尾崎が一九八一（昭和五六）年に召された後は、尾崎ときを夫人が主管者代行となり、さらにその後は朝山ユキが継ぎ、加藤哲男が理事長として協力している。

なお再建後は土曜日を安息日として守り、各地の教会を祈りの家と称しているが、近年は日曜日を主日として守っている。

一九九六年、名称を「東洋宣教団きよめキリスト教会」と改称し、新宿の百人町に本部教会があり、新潟県や高知県の群れは「祈りの家」と称している。

〈参考文献〉

加藤哲男『きよめ教会の起源と過程』カリフォルニア神学大学院日本校提出論文、一九九二年

6　日本福音教団、日本福音教会連合

【日本福音教団】

日本福音教団は、一九五三年六月に設立された。その指導者となった吉野勝栄、星野栄一らは戦後しばらく日本基督教団ホーリネスの群の中で活動を続けていた。彼らは戦後間もなく天沼聖書塾、そして一九五二

年に東京聖書神学院を設立し、多くの教職者を生み出した。五三年、それらの教職者を中心として、ホーリネスの群から独立して日本福音教団を設立した。吉野勝栄が総会議長、星野栄一が副議長に就任した。「福音を全日本へ」をモットーに日本での宣教だけでなく、アジアにも積極的に関わりを持っている。四重の福音を教理とするが、特にアガペー・ホーリネスの信仰を強調する。

【日本福音教会連合】

一九七一年、日本福音教団から離脱した十数教会が、「日本福音教会連合」を設立した。指導者としては吉野勝栄、加藤博重らが挙げられる。教会連合という名称に見られるように、各個教会の自主性を重んじている。信仰の立場は、やはり四重の福音を強調する。

〈**参考文献**〉

『日本福音教会連合創立十周年誌』日本福音教会連合、一九八一年

7　日本宣教会

日本宣教会の創立者は相田喜介である。彼は東洋宣教会の聖書学院で学び、ホーリネス教会の牧師として奉仕した。一九二〇（大正九）年に渡米し、アズベリー大学神学部で学んでいる。一九二三（大正一二）年に、アズベリー大学内で日本宣教会を設立し、同年末に大学を中退して帰国する。相田は帰国後、東京都内を中心に伝道して教会を設立した。その後都内だけでなく、宇都宮や仙台にも伝道を広げ、伝道者養成のため、

一九二九（昭和四）年に救霊学院を設立する。

戦後メリヤス工場の経営を経て、一九五七年、東京の代田で伝道活動を再開した。その後都内だけでなく、群馬、神奈川、千葉、新潟等にも教会を設立する。戦後の指導者は中原幸茂であり、現在は小坂嘉嗣が五代目の監督として指導している。

この群れの信仰は、Ｊ・ウェスレーの説いた「全き潔め」の教理を強調する。

〈参考文献〉

日本宣教会本部編集委員会『日本宣教七十年の歩み』一九九三年

8　日本福音連盟の設立

一九五一（昭和二六）年、日本福音連盟が設立された。これは、ホーリネス信仰団体を主とした友誼提携と伝道協力、聖会開催などを目的として、設立された。協力事業として五八年以来、中田羽後編『聖歌』（現在は『新聖歌』）を発行している。加盟団体は、日本イエス・キリスト教団、日本ホーリネス教団、ウェスレアン・ホーリネス教団、イムマヌエル綜合伝道団、日本フリーメソジスト教団、日本ナザレン教団、基督兄弟団、基督聖協団、日本アライアンス教団、日本福音教会連合、日本伝道隊、日本クリスチャン信徒連盟などである。この中に、旧ホーリネス系の教団は六つ含まれる。

日本福音連盟は、一九六八年の日本福音同盟設立の際、その創立会員の中でも中核的役割を担っている。

第一五章　ホーリネス系教会の交流と和解

戦前の中田重治の再臨信仰の行き過ぎの結果、ホーリネス教会は「日本聖教会」と「きよめ教会」の二つに分離し、旧きよめ教会はさらに二つに分裂した。戦後は、日本基督教団にとどまった群れと、そこから離脱して自分たちの教団を再建ないし新設した群れとに分かれて、それぞれ再出発した。戦前法的には和協分離したとはいえ、しばらくの間はその対立の後遺症と言うべきものが存在し、なかなかお互いの交流や協力は困難であった。しかし時代の経過や直接の分離・対立を経験した世代から次の世代に移るなかで、次第に交流の機運が盛り上がってきた。

その代表的な活動が、一九七四（昭和四九）年に発足した「中田重治に学ぶ会」である。この活動の発起人は、旧きよめ教会の信仰を受け継ぐ基督兄弟団の藤波勝正および大塚望と、日本聖教会の信仰を受け継ぐ日本ホーリネス教団の松村悦夫であった。「ホーリネスの流れに起こった不幸な争いや醜さを何とか清算して、ホーリネスの証を立てたい」との願いのもと賛同者を募り、ホーリネス系七教団から五十五人の発起人と三十七人の賛同者を得て発足した。[*1]

会の目的は、「中田重治を積極的に評価し、師のなかに流れ続けた生きた信仰、伝道精神を学ぶこと」であった。そして具体的な活動として、毎年テーマを決めて大会を開催し、会誌として『源流』を発行した。この会の活動は、一九八八（昭和六三）年までの十四年間続き、関東聖化交友会の発足に伴って自主的に解散した。この会の活動とそこから生まれた交流が、群れの和解や、二〇〇一年の「中田重治宣教一〇〇周年記念大会」の開催に結びつくのである。[*2]

日本の戦後史において、一九九五（平成七）年は戦後五〇年という節目の年であった。このときの内閣は、社会党の村山富市を首相とする自民党・社会党・新党さきがけの連立内閣で、国会では「戦後五〇年国会決議」が行われた。この決議は、アジア・太平洋戦争における日本の侵略的行為や過去の植民地支配を反省し、平和への決意を新たにすることを謳ったものである。

キリスト教界においても、多くの教団や団体から戦後五〇年に関する声明が出された。注目すべきことは、この年の四月に日本キリスト教協議会、日本福音同盟、カトリック教会、日本友和会など九団体が共同して、「戦後五〇年を迎える日本のキリスト者の反省と課題」と題する声明を発表したことであった。この声明は、日本の教会が戦時中行った「天皇礼拝」が、モーセの十戒の第一戒を破る罪であったと述べている。そして、「戦争の責任を大胆に告白し、その罪を赦されて真剣に悔い改め、キリストにあって平和を実現するという共通の課題を共に担っていこう」と呼びかけている。[*3]

この年、多くの日本のプロテスタント教会の諸教団が声明を発表し、戦後五〇年にあたって、戦争責任を表明し、平和への誓いを新たにした。そうしたなかで、基督兄弟団と日本ホーリネス教団という、戦時下に弾圧されたホーリネス系の教会の後身にあたる教団からも、戦争責任声明が発表された。

基督兄弟団は、一九九六年三月に「過去の罪責に対する悔い改めと将来への決意」を教役者決議として発表する。その中で、基督兄弟団の前身である「きよめ教会」が、「当時の民族意識の中にあった国粋主義を教会の信仰的教理の中に組み入れ、侵略戦争の一翼を担う罪を犯してきたことを認め、心から悔い改めをいたします」という告白がなされている。[*4]

戦前のきよめ教会は、その綱領において、「日本精神に立脚し、各自職分を尽くし、国策に順応、国運の進展を期す」と謳い、「我が日本の国是たる八紘一宇の達成、すなわち神国の実現を祈る」と主張した。こうした歴史的事実を踏まえ、このときの決議では、「綱領に示されているような福音信仰の歪み、ひいてはその歪みが侵略戦争の一翼を担うことになった罪を、当時の先輩の指導者に代わり私たちの責任として神の前に謝罪をいたします」と告白し、将来への前進を誓うものとなっている。[*5]

また日本ホーリネス教団は、一九九七年の教団総会において、「日本ホーリネス教団の戦争責任に関する私たちの告白」を採択する。この中で、それまでの自分たちの歴史認識が非常に狭いものであり、「弾圧の被害者であるという意識を強く持っていた」ことを率直に認めた。しかし歴史を振り返るならば、自分たちの教会は、「日本の軍国主義と、それを支えた天皇制については、それを批判することなく、むしろ支持し、「国策に従って神社参拝を行い、戦勝祈願をはじめとする戦争協力を進めた」ことを告白した。そして戦争責任を踏まえ、他の教会の人々やアジアの人々と和解し、自分たちの責任を果たしていく決意を表明した。[*6]

この告白の中で注目すべきことは、中田の再臨信仰をめぐって対立し、分離した旧きよめ教会に対する謝罪が盛り込まれていることである。

「私たちの教会は、再臨信仰が問題となっていることが分かった時、かつて分かれた同信の友の再臨信仰との違いを強調し、自分の身を守ろうとしました。それは、弾圧時に日本基督教団がホーリネス系教会を切り捨てたという自己保身の態度と変わらぬものでした。[*7]」

さらに戦後日本ホーリネス教団が、和協分離の際、「両教団は今後旧名称を用いず」との覚え書きにもかかわらず、「ホーリネス」の名称を用いたことに対しても基督兄弟団に謝罪した。[*8]基督兄弟団と日本ホーリネス教団のこうした戦前・戦時下の歴史認識の深まりの中で、両者の和解が進んでいった。一九九九年九月、「基督兄弟団と日本ホーリネス教団の共同歴史検証による日本ホーリネス教会の『分離』に関する声明」が両団体によって調印された。これにとどまらず、協力に進もうということになっていった。そして二〇〇〇年六月に沖縄で開催された第四回日本伝道会議の会期中に、両教団の「協力同意書」の調印がなされたのであった。この伝道会議のテーマは、「二十一世紀を担う教会の伝道――和解の福音をともに生きる」であり、まさにこれにふさわしいものであった。[*9]

なおこれに先立ち、基督兄弟団から分かれた基督聖協団に対しても、一九九七年一二月に日本ホーリネス教団による、基督聖協団への謝罪と懇談の時がもたれている。

注

1　中田重治宣教一〇〇年記念大会実行委員会『二十一世紀に生きるホーリネス――中田重治宣教一〇〇年記念大会記念誌』四〇～四一頁

2　同書、三九～四〇頁

3　中村敏『日本キリスト教宣教史――ザビエル以前から今日まで』いのちのことば社、二〇〇九年、三四八頁

4　基督兄弟団史編集委員会『完成を目ざして――基督兄弟団創立五〇周年・基督兄弟団聖書学院創立五〇周年』一九九六年、一四一頁

5　同書、一四三頁
6　日本ホーリネス教団福音による和解委員会編『日本ホーリネス教団の戦争責任に関する私たちの告白の資料と解説』七〜八頁
7　同書、八頁
8　同書、九二頁
9　『日本キリスト教宣教史』三六二〜三六三頁

第二部　中田重治と今日の諸課題

中田重治がリバイバルの高揚の中で行き過ぎて脱線し、群れが分裂したことを第一部で考察した。この要因を考えるとき、日猶同祖論、終末論のディスペンセーション的解釈からくるユダヤ人問題への傾斜とユダヤ人支援、そして彼の愛国主義を掛け合わせた結果であると考えられる。そこでこれらの要因について、一つ一つ考察してみたい。

そしてこうした考察を踏まえ、これらの要素を今日的課題と結びつけて論じてみたい。

第一章　中田重治と日猶《にちゆ》同祖論

1　中田重治と日猶同祖論

中田重治が、熱心な日猶同祖論者であったことは周知の事実である。「日猶同祖論」とは、その主張者により、また時代によっても多少の幅があるが、要するにユダヤ民族の「失われた十部族（あるいは二部族）」が日本にやって来て、日本民族のルーツの一つとなったという主張である。中田は、一九二二（大正一一）年一月五日の『聖潔之友』の中の「日本イスラエル人」という文章で、次のように主張している。

「予は多年研究の結果、イスラエルのある二族はわが大和民族の中に混じっている、ということを見い出しておるものである。[*1]」

ここから推測すると、彼の日猶同祖論への関心はその伝道の初期のころからあったものと思われる。その後、それがどんどん発展していき、一九三二（昭和七）年一一月末の「聖書より見たる日本」の連続講演（翌年出版）に集大成されたと考えられる。実際に、出版された『聖書より見たる日本』の「緒言」では、「予が二九年前より神から与えられた光」と言及しているので、その数字をさかのぼれば一九〇三（明治三六）年ごろとなり、まさに東京の神田で伝道を開始した初期から、こうした志向を持っていたことがわかる。[*2]

中田は、昭和のリバイバルが起こる前年の一九二九（昭和四）年から翌年にかけ、「日本ホーリネス人の世界的使命」という主題のもと、聖会で連続講演をしている。これは、それまでの自身とホーリネス教会の歩みを振り返りながら、従来の欧米中心のキリスト教の体質を批判し、リバイバルを待ち望み、再臨信仰の先頭に立つホーリネス教会の使命を熱く語っているものである。その中で、自分の「道楽」として次のように語っている。

「私はかなり忙しい身であるが、一つの道楽がある。道楽と言えば語弊があるかもしれないが、これも神のために何かのご用になるだろうと思って、ひまびまを見ては研究したところのものである。それはキリスト教考古学である。[*3]」

彼はキリスト教考古学の研究を「道楽」と呼んでいるが、イギリスに行けば大英博物館を訪ね、熱心に調べたりするなど、かなり入れ込んだものであった。

長年、中田のそば近くで活動した米田豊は、中田についての評伝の中の「研究家として」という項の中で、聖書研究家としての彼に触れた後、次のように語っている。

「民族学、考古学の研究にも興味を持った。小谷部全一郎の『日本及日本国民之起源』に興味をいだき、諸方を旅行して、その地の風俗習慣に関心を寄せた。一時は考古学的出土品の発掘をしたこともある。[*4]」

これらのことから、中田のこうした分野における関心や探究は趣味や道楽の域を超え、彼の信仰からくる信念とも相まって、日猶同祖論への確信となっていったことがうかがえる。

日猶同祖論そのものは、早くは明治初期からこの主張が見られ、戦前のみならず、今日もその説を信奉し、主張する人々はキリスト者の内外に見られ、多くの著作物が出版され、講演やセミナーなどの活動が活発になされている。その動機はそれぞれであるが、キリスト者の場合には日本宣教の手掛かりを目指すものや、日本人のルーツ探しに結びつく日本人のアイデンティティーの確立を願う志向が考えられる。

日猶同祖論を日本で唱えた最初の人物は、明治の初期に来日したスコットランド人の商人ノーマン・マクレオドである（彼については、宣教師であるという説もある）。彼は、『古代日本の縮図』を一八七五（明治八）年に長崎において英文で出版した。この書は長く日本語に翻訳されることはなかったが（一九九七年に抄訳が出版された）、断片的に引用されたりして言及され、影響を与えてきた。この本の中でマクレオドは、日本人の風貌や風習、神道の建築物やその作法の中に、古代ユダヤの痕跡が見られると述べる。特に、イスラエルの神殿と日本の神殿は共に旧約時代の幕屋の形をしているとか、神社にはユダヤの契約の箱とそっくりの形をした箱が祀られているといった主張をしている。[*5]

こうした日猶同祖論を日本人キリスト者として、最初に論じたのが、佐伯好郎（一八七一〜一九六五年）である。彼は日本における景教（ネストリウス派キリスト教）研究の第一人者であり、大著『景教の研究』をまとめている。彼によれば、仏教の日本渡来以前の四世紀に秦氏《はたうじ》と日本で呼ばれた弓月《ゆづき》の一族が日本に渡来し、関西地方に住みつき、養蚕や絹織等の技術をもたらした。佐伯は、京都郊外の太秦《うずまさ》に帰化した秦氏について研究を重ねた。彼によれば、秦氏が京都に建立した大辟神社は、従来は秦の始皇帝を祀っていたとされていたが、実はユダヤのダビデ王を祀ったものであるとされる。さらに、彼らがその神社のそばに掘った井戸は「井佐良井《いさらい》」と呼ばれるが、これは「イスラエル」と語源的に結びつくというのである。[*6] そして佐伯は、この弓月（秦氏）の出身地はペルシアであり、弓月はユダヤ人キリスト教徒であると結論づけた。その根拠としては、「太秦（禹豆麻佐《うづまさ》）」の「うづ」は「Ishu」すなわち「Jesus」の転訛語にほかならず、「まさ」は「Messiah」のそれであり、アラム語のイエス・メシアを表していると主張する。[*7]

佐伯は、この弓月すなわちユダヤ人キリスト教徒を景教徒と結びつけたこともあった。しかし景教が中国に伝来したのは七世紀であるので、年代的にずれがある。後に佐伯はこの点について自説を見直し、日本に秦氏として渡来した弓月の民は、景教徒ではなく、大多数がユダヤ人改宗者であった使徒時代以後の原始キリスト教会のキリスト教徒であった可能性があると主張している。[*8]

しかしその内容を検討すると、彼は「私見によれば」と断っているが、秦氏（弓月）がユダヤ人キリスト教徒という議論は、学問的根拠が薄弱な言語比較分析を中心に展開されていると言わざるをえない。佐伯の弟子の回想によると、「アメリカとカナダに五年留学した先生が、ユダヤ資本を日本に導入する志を立てて、そのため打った第一着手が、太秦氏猶太人の着想であった」とされ、彼の日猶同祖論の発想が純粋な学問的動機だけでなく、現実的な経済的期待によるものでもあったことが推測される。[*9]

中田はその著書『聖書より見たる日本』の中で、直接的には二か所でこの佐伯の主張を引用している。まず第四章の「過去におけるユダヤ人と日本人の関係」の中で、京都の太秦《うずまさ》村に「ウズマサ寺」とも呼ばれる広隆寺があり、そのそばにある大酒神社という神社についての佐伯説を引用し、この社名の由来やそこでなされる牛祭りとイスラエルの贖いの日の儀式との類似から古代ユダヤとの関連を説いている。[*10] 中田は、「これらのことをもって見れば、日本にユダヤ人の入り来たったことは歴史上証明されることで、わが民族の中にはイスラエル人の血が入っているのである」と主張する。[*11]

もう一か所は、第五章の「天佑《てんゆう》を受けし日本」において、ローマ・カトリック教会の日本布教以前に日本に伝えられたキリスト教として景教を指摘し、中国にある「景教の碑」の説明として、佐伯の著書に言及している。そして空海が唐に留学した際、この景教に触れたことや、彼が作ったとされる「四十七文字」は実はキリストを詠んだものであるという説を紹介している。[*12] とにかく景教の名のもとに伝えられたキリスト教が、千二、三百年前に入ったことを論じている。

この佐伯の日猶同祖論を土台としながら、さらに飛躍させたのが小谷部全一郎（一八六八〜一九四一年）である。『公共宗教の光と影』（津城寛文）によれば、「日本人として最初にまとまった形で日猶同祖論を発表したのは小谷部全一郎である」とされる。[*13]

小谷部は二十歳の時に渡米し、苦学してハワード大学やイェール大学の神学部で神学を学び、博士号を取得している。帰国後は横浜で牧師をしたり、北海道でアイヌ人のための実業学校を設立したり、国学院大学で教鞭を執ったこともある。一九二四（大正一三）年に、『成吉思汗《ジンギスカン》ハ源義経也《みなもとのよしつねなり》』を出版して一躍有名になった。これは、あの源義経が日本の平泉の衣川で死んだのではなく、ひそかに蒙古に渡り、モンゴル帝国の創始者ジンギスカン（チンギス・ハーン）になったという奇想天外な書物である。この著作は大反響を呼び、当時のベストセラーとなったが、翌年歴史学・文献学・考古学の各分野の学者たちが猛反論をした、いわくつきのものである。

実はこの『成吉思汗ハ源義経也』には、種本が存在する。政治家であり、法学者でもある末松謙澄《すえまつけんちょう》が若き日にイギリスに留学し、その卒業論文に「大征服者成吉思汗は日本の英雄源義経と同一人物なり」という論文を書き、それが日本語に翻訳されて『義経再興記』として日本で出版された。この本を読んで感動し、それをほぼそのまま受け入れたのが、若き日の小谷部全一郎であった。[*14] 彼はその後北海道に渡ったり、アメリカに留学し、帰国後は北海道でアイヌ人のための実業学校を設立したりなど、実に多彩な歩みをした。しかしその間もチンギス・ハーン＝義経説を忘れることはできず、一九一九（大正八）年になされたシベリア出兵に陸軍通訳官として赴任した際、各地を訪ねて、関連すると思われる痕跡を調べ、帰国後出版した本が『満蒙踏査・義経復興記』である。これを改題したものが、『成吉思汗ハ源義経也』であった。

小谷部は、とにかく義経がチンギス・ハーンになったという強い思い込み、あるいは信念と言うべきものをもとに本書を執筆しているので、当然ながらその論法はきわめて強引なものである。たとえば、チンギス・ハーンは別名を「クロー」と称したが、これは義経の別名である「九郎判官」のことである、といった手法である。*15 またチンギス・ハーンが「ハーン」に即位したとき、「九旒の白旗」を建立したが、「白旗」は源氏の旗印であり、「九旒《くりゅう》」は九郎判官を意味するとか、モンゴル民族が国名とした「元」は「源」に通ずるという論法である。まさに歴史的、文献学的考察を無視した、語呂合わせの類がほとんどであり、諸分野の学者たちから総反撃を受けたのは当然である。けれども、とにかく多くの人々が興味深く読んだだけでなく、今日も歴史推理小説家高木彬光《あきみつ》の『成吉思汗の秘密』（角川文庫、一九五九年）の作品にも、そのモチーフが受け継がれているほどである。

小谷部は、その後一九二九（昭和四）年に、『日本及日本国民之起源』を厚生閣より出版し、日猶同祖論を主張するが、やはりこうした論法が用いられている。彼はこの本において、日本の正月をはじめとする諸行事や習慣にはユダヤのそれと共通点が多いこと、そして神道とユダヤ教の共通点が非常に多いことを論じ、日猶同祖論を展開した。そして、失われた十二部族のイスラエル民族のうち、「最も勇敢なるガド族と宗族の継承者マナセ族」の二部族が日本民族と「同一幹根の民族」であると主張する。天皇を「ミカド」というのは、「ガド」族の名から由来し、日本で族長を尊んで呼ぶ「御カド」が「みかど」となったという論法である。さらには、ガドの長男の「ゼポン」が「ニッポン」という国名のもとになったと主張している。[*16] この小谷部の著作は、直接には『聖書より見たる日本』において二か所、中田に引用されている。一か所は、第四章の「過去におけるユダヤ人と日本人の関係」の部分である。ここで中田は、日本の天皇即位の大嘗会《だいじょうえ》の儀式と旧約のレビ記や中命記の結びつきや三種の神器に関する小谷部説を以下のように引用している。

「小谷部氏の、『日本及び日本人の起源』の中にも、日本の皇帝即位の大嘗会などの儀式は、旧約聖書の、レビ記や中命記を見なければわかるまいとしるしてある。なお三種の神器について考えて見るに、○○《ママ》○○《ママ》の○○《ママ》はいったい何であるかということは、古来いろいろの説があるが、小谷部氏はこれを入れた金のつぼであると説かれた。[*17]」

また中田は、日本民族の起源として、イスラエルの十二部族の中の「ガドとマナセの族であろう」との小谷部の説を引用している。さらには、日本において用いられている「ミカド」という言葉が、この「ガド」から由来するとも主張している。[*18]

このように中田の主張には、当時の代表的な日猶同祖論者の佐伯や小谷部の影響が非常に大きく、それを土台として自説を展開していることがよくわかる。

ここで中田と酒井勝軍《かつとき》との関わりについて触れてみたい。本書の第一部で言及したように、酒井は中田の渡米留学の翌年にムーディ聖書学院で学んだ人物である。短期間ではあるが、同じ学校でほぼ同時期学んだわけで、交流があったことが考えられる。酒井は、帰国後は東京唱歌学校を設立し、牧師としても活動した。英語が堪能であったことから日露戦争や一九一八年のシベリア出兵に通訳として従軍し、このころから反ユダヤ主義思想に感化されていき、反ユダヤ思想を主張する本を次々と出版した。

しかし一九二七年に日本の陸軍からユダヤ研究のためにパレスチナやエジプトに派遣されたのを機とし、親ユダヤ主義的傾向を強めていく。一九二八（昭和三）年にエルサレム滞在中にオリーブ山（橄欖山）の上に現れた円で囲まれた十字を見たという幻視体験をもとに、帰国後の同年に『橄欖《かんらん》山上疑問の錦旗《きんき》』を出版した。その後、一九三二年に「日猶協会」を設立し、日猶同祖論の立場に立って精力的に著作活動を行っている。

中田と酒井の関係について、直接両者の繋がりを示すものは見られないが、先に述べたように、ほぼ同時期にムーディ聖書学院で学んでおり、同時代に東京で日猶同祖論に基づく活動をしていたことから、当然なんらかの交流があったと思われる。

『中田重治全集　第二巻』に収録されている『聖書より見たる日本』の解説で、千代崎秀雄はこの書が酒井勝軍（「将軍」とあるが、これは誤記）著の『橄欖山上のキリスト』の影響を受けていると主張している。[*19] ちなみに『橄欖山上のキリスト』という酒井の著作はなく、これは前記の『橄欖山上疑問の錦旗』を指していると思われる。『聖書より見たる日本』の中には、酒井の本の直接の引用がないので、必ずしもその影響を受けたかどうかは、酒井のこの書を読むかぎり明確ではない。むしろ日猶同祖論を展開している『世界の正躰と猶太人』（一九二五年）を参考にした可能性がある。ちなみに、この書の中で酒井は、いろは歌を下から繋ぎ合わせると、「とかなくしてしす」と読めることを「中田某氏」の発見として紹介しており、中田のこうした活動を彼が知っていたことがうかがえる。[*20]

酒井についての大部な研究書である『「異端」の伝道者　酒井勝軍』を著した久米昌文は、「いずれにせよ中田が酒井から強い影響を受けていたことは確かで、直接交遊した確たる記録はなくても、おたがいに意識しあい、ひそかに切磋琢磨《せっさたくま》する関係だったのであろう」と指摘している。[*21]

酒井は、後に偽書として知られる『竹内文書』に触れ、日本が人類文化発祥の地であるとの歴史観に立つようになった。この古文書は、茨城県磯原町の竹内家に伝わるとされる古文献である。その内容は、日本には神武天皇以前からの皇統が存在し、それが世界の主要な文明の源泉となったというものである。この書の内容がきっかけとなり、青森県戸来村で発見されたというキリストの墓伝承が生まれた。酒井は、後に機関誌『神秘の日本』(一九三六〜四〇年)を通して日猶同祖論を続けて発信している。

『近代日本の偽史言説』(小澤実編)によれば、こうした同祖論探究者の判定に関する手法には二つあるとされる。一つは、「人類学の延長線上にある文化比較や容貌比較、言語学の周辺にある語呂あわせや語彙」であり、もう一つは、「聖書学の周辺にある預言解釈」であるとされる。[*22]これによると、中田の日猶同祖論は佐伯や小谷部らに依りながら、素朴な形とはいえ、この二つの手法を取り入れていると考えられる。

『聖書より見たる日本』の第四章「過去におけるユダヤ人と日本人との関係」で中田は、「日本人の中にユダヤ人の血が混じっていることを、歴史の上から証明したい。ユダヤ人が我が国に渡来したことについては歴史的に根拠がある」[*23]と主張し、佐伯好郎や小谷部全一郎の説を引用し、日本の風俗とユダヤ人の風俗の類似、日本の神社とユダヤの神殿の構造の類似、両者の容貌の類似等様々な点を列挙して、次のように結論づけている。

「以上の事実に従い、私の浅薄な知識に基づいて結論すれば、日本人はセム、ハム、ヤペテの三種族より成り立っている。すなわち、セム族に属するユダヤ人と、ハム族に属するヘテ人、それにヤペテ種の白色人種に属するアイヌ人とである。[*24]」

自ら「私の浅薄な知識」と率直に認めているものの、その学的根拠はきわめて乏しく、多くは語呂合わせの域を出ず、論理の飛躍は甚だしいものである。中田はこの結論の上に、「実に日本民族は特殊の民である。この民族こそ世界に向かって大使命を果たすべき民であると思う」と断言する。[*25] そしてこの大使命こそ、末の世においてキリストの再臨を待望し、世界平和を乱す者を罰し、選民イスラエルを助けるための日本の役割であり、今自分たちがすべきことは、もはや通常の伝道ではなく、この大使命への祈りに専心すべきであるというのである。

彼がこの講演において大きな根拠としているのは、聖書の中に出てくる「日のいずるところ」や「日いずる国」がすべて日本を指すという解釈である。それらの聖書箇所を列挙すると、以下のようである。詩篇一一三篇三節、イザヤ書四一章二、二五節、四三章五節、四五章六節、四六章一一節、五九章一九節、エゼキエル書四三章二節、ダニエル書一一章四四節、アモス書八章七節、マラキ書一章一一節、マタイの福音書二章一、二節、八章一一節、ヨハネの黙示録七章二節、一六章一二節。

特に中田は、ヨハネの黙示録七章二節の「生ける神の印を持って、日の出る方から上って来た」天使が日本を指すと解釈する。しかしこれらの解釈は、その聖句の文脈を全く無視したこじつけとも言うべきものであり、恣意的な読み込みであると言わざるをえない。そもそも旧約聖書の時代においては、当時の人々の世界観や地理的概念において、日本という国や日本人という存在は全く意識されていないと考えるべきである。それにもかかわらず、中田は声高に、日本民族、そしてホーリネス教会の使命を主張する根拠として、とにかく聖書からあちこち引用し、権威づけているのである。

久米昌文は、この点に関して興味深い指摘をしている。

「中田にとってのユダヤと日本が同祖でなくてはならない理由とは、イエス再臨に際して日本が果たすべき役割を明確にするためであったことがわかるだろう。それはさらにいえば、『四重の福音』ならびにホーリネス運動達成のためでもあったことになろう。

中田はそのために事実をひとつひとつ丹念にひろっていった。再臨が事実であるように、ユ日同祖論も事実であらねばならないのである。[*26]」

2　今日の日猶同祖論と中田重治

日猶同祖論に関して、戦後の代表的な人々を挙げると、在米ユダヤ人であるM・トケイヤー、在日宣教師であるK・ジョセフ親子、日本人としては小石豊、久保有政、宇野正美らである。彼らの執筆した書籍のほとんどは、キリスト教出版社ではなく、一般の出版社から出ており、かなりの部数を世に送り出している。基本的には佐伯好郎や小谷部全一郎や、それまでの代表的な同祖論者の学説をもとにしながら、その後の成果を加え、最近ではDNA論まで持ち出しながら、こうした主張を展開している。

これらについては、拙著『日本キリスト教宣教史――ザビエル以前から今日まで』の第一部で「ザビエル前史」として取り上げ、論じている。それらの中には、日本人への伝道の切り口という動機から取り組んでいるものや日本人のルーツ探しという面もあり、興味深い着目点も見られる。[*27]

現在も、日猶同祖論の立場に立つ人々が中心となって運営している組織やフォーラムによる活動が活発になされている。けれども、どうしても日本民族の特異性や選民性に結びつける傾向が強いので、概して愛国主義的あるいは政治的には保守的傾向を帯びやすいと言える。[*28]

戦前、戦後もなぜこうした傾向の書籍が数多く出版され、読まれているのだろうか。津城寛文著『公共宗教の光と影』（春秋社、二〇〇五年）によれば、「これは、『ナショナリズムの世紀』に世界中で流行した『民族起源』『文化的根源』に関わる想像力の産物の一例である」とされる。[*29] その中で、自分たちの民族のルーツを旧約聖書の「失われた十部族」に結びつけようとする主張は、イギリスやエチオピア、ジャマイカ、さらにはアメリカのモルモン教など世界で広く見られる現象であるという。[*30]

この日猶同祖論は、日本では特に明治末期から大正・昭和前期にかけて流行し、多くの雑誌や書籍が出版された。中田が再臨信仰の高揚の中で、熱烈にこの主張をした時期がまさにこのころと重なっている。

こうしたトピックが脚光を浴びるのは、諸外国との接触や対立を受けて民族主義が高まり、自民族のルーツを栄光の起源としたがる傾向がその歴史的背景にある。前記の津城寛文によれば、「日猶同祖論は、日本人をユダヤ人と同じ神の選民とすることにより『西欧文化への劣等感』をくつがえし、それを心理的に補償するという」[*31]説明がしばしば用いられるとのことである。

確かに『聖書より見たる日本』の中で中田は、選民であるユダヤ民族との関連性の中で、日本民族の独自性と優秀性を説き、欧米的キリスト教、白人中心的キリスト教を脱却すべきことを論じている。[*32]

さらに彼は、次のように日本民族の世界的大使命について語っている。

「実に日本民族は特殊の民である。この民族こそ世界に向かって大使命を果たすべき民であると思う。[*33]」

中田が『聖書より見たる日本』を公にした昭和の初期は、日本が満州事変を機として中国大陸侵攻を本格化させ、国際連盟脱退を目指していた時期である。そして国内的には、五・一五事件に代表される軍部や右翼勢力が台頭し、「昭和維新」が流行語となっていた時代であった。

この書の解説を書いた千代崎は、この時代背景について次のように的確に論じている。

「いわば、日本が国際的な視野を失い、客観的に自己を見ることを忘れ、世界を考える時にも日本中心にしか考えることができなくなっていった時代と言えよう。[*34]」

中田自身、この書の中で、すでに国際連盟からの脱退を見越し、日本の軍備拡大は、「聖書の光をもってみれば、これはやがて世界の平和を乱す者を押さえつけるためと、選民イスラエルを救うために用いられるようになるのである」と主張する。これは日本の大陸侵攻の結果、欧米諸国との軍事衝突が避けられなくなることを先取りしているものと言えよう。その主張の上に、ユダヤ民族を助ける日本の役割と使命を結びつけている。[*35]

3　なぜ日猶同祖論が人々の心をとらえるのか

今日においても、日猶同祖論の立場に立つ論者は多く、その書籍は絶えず出版界の一隅を賑わしている。戦前・戦後を問わず、なぜこうした主張が人々の心をとらえるのだろうか。

フリーマン・ダイソンという科学者は、その著書の中の「科学と宗教」という項で非常に興味深い指摘をしている。彼によれば、「人間は事実を確認するよりも、物語を信じる傾向にある」とされ、「私たちは計算機ではありませんから、事実よりも、物語や伝説やファンタジー（＝空想・幻想）というものに強く反応します」と言い切る。[*36]そしてそれは次のような人間の歩みからくると言う。

「これは私たちの歴史にしっかりと織り込まれているものです。人類が洞窟《どうくつ》生活をしていたころ、子供たちは焚火《たきび》を囲んで座り、大人たちの物語を聞いていた。このようにして文化というものが育ってきたわけです。ですから、私たちは、事実を確かめるよりも、物語を信じる傾向にあります。これが人間の本質です。[*37]」

確かに歴史の探求においても、客観的史実は何かという探求志向より、夢やロマンをかき立てる史話や物語のほうが人々の心をとらえ、行動へと促すといえよう。

藤原明は、『日本の偽書』の中で、古今東西を問わず様々な偽書と言うべきものが出現し、それを信じる人々がいることをまず指摘する。そして「数ある偽書の中で生き残ったのは歴史に関するものとなった。これは何も日本に限ることではない」とする。[*38]そのうえで偽書を信じる側の論理について、次のように論じている。まずその前提として、「正史」すなわち通説、あるいは定説というものは、「余りにも味気がなく魅力が感じられなかった」ということがある。「そうした人々の目には、偽書は抗しがたい魅力がある」とされる。[*39]さらには、「偽書は人の興奮をかきたてるということがよく言われている。そして、そのとりこになった人々は、偽書を真実の歴史と信じることになる。いったん信じた人々は、通常の常識からすれば荒唐無稽《こうとうむけい》なものとしか思えない偽書を平然と正当化する」。[*40]藤原は特にこうした偽書の例として、青森県戸来村のキリストの墓に結びつく文書や、「竹内文書」や東北民謡へブライ語説を主張する川守田英二を紹介している。

この指摘は、『聖書より見たる日本』等での主張を声高に叫ぶ中田とその主張に従った人々にも当てはまると言えよう。中田の場合、そこに自らの聖書解釈による信仰的確信が加わっている。しかしその聖句の引用や解釈も、強引なこじつけや我田引水とも言うべき読み込みが多く、まさに語呂合わせの類と言わざるを得ない。

以上のことより、中田の日猶同祖論と結びついた聖書解釈が昭和の初期の再臨待望の切迫感と満州事変から日中事変へといたる日本の準戦争体制への緊迫感の中で、声高に主張され、群れに監督の権威のもとに押しつけられたときに、教授派（委員派）の人たちの中から反発と拒否が生まれ、群れの分離に至ったと言えよう。

このことは今日における私たちへの大きな教訓である。聖書の解釈にあたり、まずその預言を原語からしっかりと釈義し、その歴史的文脈をよく踏まえ、何を私たちに語っているのかを虚心坦懐《きょしんたんかい》に聞く必要がある。しかし最初から予断や特定の解釈の立場に立ち、自分の主張を正当化するために聖句を引用し、自説を振りかざすことはきわめて危険なことである。

実は中田自身が、こうした危険性について警告しているのである。彼は昭和のリバイバルの最中の一九三二年末、「健全なる教理」という文章を機関誌に発表し、健全なる教えからの脱線を防ぐための十か条を示している。以下にそれらを紹介する。

「一、むやみに新しき光をあさらぬこと。
二、聖句の前後の意味をわきまえず、一句をとらえて立論せぬこと。
三、教えを人より受くることをあぶながり、聖霊により直接に教えてもらうことを過信すること。

四、聖句をば常識によりてのみ判断することを避くること。
五、祈りや断食の時、心中に浮かびいでたる聖句をすぐに聖霊の示しと思いて、それを語ることをせぬこと。
六、軽率に夢や幻を語らぬこと。
七、奇矯なことばを用いぬこと。
八、心を静めて祈ることはもちろんであるが、聖書を規則正しく読み、健全なる教書を読むこと。
九、公会の席にて祈り、また証しするとき、謙遜の態度をとり、主の御血をあがむるようにすること。
一〇、多弁であるな。ことに異端者に対しては、世辞だも言うなかれ。[*41]」

中田はリバイバルの高揚の中で、このように脱線に注意することを警告していた。ところがその進展の中で、一向に再臨が実現しないことへの焦燥感や神社問題や自給問題等の内外の差し迫った困難の中で、まさに自ら警告した脱線の道を進んでしまったのである。
こうした誘惑は不安定な時代や先の見えないと思われる時代には、いつも起こりうるので、聖書を信じて生きる私たちに対する大きな教訓であり、警告であると言えよう。

4　今日の状況への教訓と警告

それでは、今までのことを踏まえながら、今日の私たちを取り巻く内外の情勢と結びつけて、考えてみたい。

二〇一六年末、オックスフォード英語辞書は、「今年の言葉」として、「Post-Truth（真実の後）」の語を選んだ。その定義としては、「客観的な事実より、感情や個人の信念に働きかけることが、世論を形成するうえで、より影響力を持つ状況」であるとされる。二〇一七年末に出版された『「ポスト真実」にどう向き合うか』（八巻和彦編著）によれば、この語はラテン語に語源があり、「脱真理」とも訳すことができ、「心理的ニュアンスを強めて解釈すれば、『真理がどうした』、『真理なんかどうでもいい』という意味になる」とされる。[*42]

まさに今日こうした風潮や傾向が、世界の至るところで見られ、世論や政治を動かしていると言えよう。戦前はこのような情報の発信は、新聞、雑誌、書物、ラジオがその主要な媒体であった。特に戦時下の日本における軍の大本営発表は、いわゆるフェイク（偽）・ニュースの最たるものである。

しかし今日は、テレビ等のメディアもさることながら、それ以上に人々を動かしているのが、インターネットやスマートフォンに代表されるSNS（ソーシャル・ネットワーキング・サービス）である。これらによって、瞬時にして世界中に膨大な量の発信がなされ、その真偽を確かめる時間的猶予も与えられないまま、人々の行動を動かしている。そしてこれらによる影響は、単に個人や特定のグループの行動を左右することにとどまらず、選挙をはじめとする国家情勢や世界情勢にも及んでいる。

オックスフォード英語辞書が、「Post-Truth」を二〇一六年の言葉として選んだ一つの要因として、今日大きな政治問題となっているイギリスのEUからの離脱問題がある。この問題を取り扱った国民投票において、EU離脱賛成派の人々はグローバル化による移民・難民の脅威を声高に煽るとともに、加入していることによる様々な規制を主張した。さらには、イギリスがEUに払っている拠出金を実際よりも三倍あると述べたのである。離脱賛成派の人々は、EU維持のために拠出している莫大なお金を、イギリスの健康医療制度のために使うべきだと主張した。こうした主張は、当然人々の投票行動に少なからぬ影響を与えた。国民投票の結果として、僅差でイギリスはEU離脱の道を選んだのであった。

ところが、これらの多くは、明らかにフェイク（偽）・ニュースとも言うべきものであった。選挙の後明らかになったことは、イギリスがEUから受けている補助金もかなりの額になっているのであるが、こうしたことは離脱推進派からは一切報告されなかったのである。

二〇一六年末に誕生したアメリカのトランプ政権の成立過程やその後の活動を見るとき、まさにフェイク（偽）・ニュースやその類が盛んに発信され、人々を動かしていると言わざるをえない。

アメリカ大統領選挙でもそうしたニュースが特にトランプ陣営から発信され、選挙戦に大きな影響を与えた。たとえば、ローマ教皇がトランプ氏支持を表明したとか、対立候補のヒラリー・クリントンに関する様々なフェイク・ニュースが飛び交い、選挙に影響を与えたとされる。

さらには、トランプ大統領の就任式の際、そこに参加した群衆は明らかに歴代の大統領の就任式、特にオバマ前大統領のそれと比べれば、かなり少数であった。ところがトランプ大統領は過去最高の出席者であると語り、主要マスコミはそれを批判した。それに対して、大統領顧問は「私たちはオルタナティヴ・ファクト（もう一つの真実）を伝えた」と発言した。「オルタナティヴ」とは、「二者択一」とか「代わりの」、「もう一つの」と訳せる言葉で、「真実は一つではない、もう一つの真実」がありうるということである。

そして今日は、真実かフェイク（偽）か確かめることができないような形で、インターネット等を通して、一瞬のうちに世界中にそうした情報が人々のもとに拡散する。それが、「ポスト真実」の時代の大きな特色である。

かつてトランプ氏は、「大事なのはハッタリ。私はそれを真実の誇張と呼ぶ。ハッタリは効果的な宣伝だ」と語っていた。要するに、語る内容が事実かどうかが問題ではなく、聞く人に影響を与え、相手の心を動かすことが大事であるというものである。[*43]

『「ポスト真実」の世界をどう生きるか』には、「ポスト真実」の時代の情報提供の特徴は、人々の「感情」や「信条」に働きかけるものである、という注目すべき指摘がある。感情に訴える面とは、その情報を「快か不快か」で判断し、そのどちらであっても、受け取ったときに強い興奮をもたらし、過剰な反応を引き起こしやすいとされる。[*44]

一方「信条」のほうは、特にキリスト教文化圏に見られ、「それぞれの宗派の生活規範や同志的結合を形成するような言説の内面化された体系」であるとされる。再臨の切迫を説く中田重治の論調は、まさに感情に訴える側面とホーリネス信仰者への信条に訴える側面からのものであった。

とにかく「ポスト真実」の情報、あるいはフェイク・ニュースとも言うべき情報は、理性の働きを弱めた形で「感情」や「信条」に強く働きかけ、受け取った人々に意思決定を迫るものである。そしてそうした情報操作は、しばしば仮想敵を作り上げ、人々の不満や不安を複雑な現実から目を逸らさせ、人々を行動へと促していく。

トランプ氏がその大統領選挙戦において、不法移民やムスリム難民をアメリカ市民の共通の敵としてその脅威を煽り、メキシコとの国境に壁を建設する公約を当選の原動力の一つとしたことはよく知られている。大統領就任後二年以上経った今も、その扱いをめぐってアメリカ議会での対立を招き、政府機関の一部閉鎖が起きてしまった。

そうしたポピュリズム（大衆迎合主義）と呼ばれる手法は、今世界中に溢れている。自分にとって「不都合な真実」の情報はフェイク・ニュースであると声高に拒否し、かき消す時代の風潮であり、ネット社会がそれを助長している。

このような時代の中で、私たちはどうあるべきだろうか。「ポスト真実」と言われる時代だからこそ、私たちが生活をしていくうえで、しっかりと拠って立つ真実が必要である。とにかく流れてくる人の言葉や情報をただ鵜呑みにせず、本当にそうだろうかと、自分で考える習慣をつけることである。そして、立ち止まって考える時間を持つ。好悪や怒りの感情に流されずに、論理的に考える力をつけるようにする。そのためには、本や新聞、雑誌等活字を読むことを忘れないことである。さらに直接生身の人間同士が対面して、語り合い、論じ合っていく。そうするときに、政治問題、社会問題に関する情報（報道）の底にある問題を読み解く力をつける力が養われ、自分の考えを確立し、広げ、発信していくことができる。
最後に私たちの言動の土台であるべき聖書の中で、特に「箴言」の言葉から示唆を受けたい。

「軽率に話して人を剣で刺すような者がいる。
しかし、知恵のある人の舌は人を癒やす。」（一二・一八）

「自分の口を見張る者はたましいを守る。
唇を大きく開く者には滅びが来る。」（一三・三）

「浅はかな者はどんなことばも信じるが、

賢い人は自分の歩みを見極める。」（一四・一五）

「柔らかな答えは憤りを鎮め、
激しいことばは怒りをあおる。」（一五・一）

「激しやすい者は口論を引き起こし、
怒りを遅くする者は争い事を鎮める。」（同一八節）

「自分の口と舌を守る者は、
自分自身を守って苦難にあわない。」（二一・二三）

注

1　米田勇編『中田重治全集　第七巻』中田重治全集刊行会、一九七五年、一〇六頁
2　『中田重治全集　第二巻』三二一頁
3　『中田重治全集　第六巻』一六五頁
4　中田重治著『主の祈りと主の再臨　日本宣教選書⑥』教文館、一九六〇年、一二九頁
5　津城寛文『公共宗教の光と影』春秋社、二〇〇五年、一七九〜一八〇頁
6　佐伯好郎「太秦（禹豆麻佐）を論ず」、日本歴史地理学会編集『歴史地理』第一一巻第一号、一九〇八年一月号、一八二〜一八四頁

7　法本義弘編『佐伯好郎遺稿並伝　下』大空社、一九九六年、一七〇五〜一七一七頁。戦後、佐伯好郎の学説の影響を受けたのが、「キリストの幕屋」を創立した手島郁郎である。手島は一九七一年に『太秦の神――八幡信仰とキリスト景教について』(東京キリスト聖書塾)を出版している。東京キリスト聖書塾という団体は創立以来今日まで、イスラエル共和国と密接な交流を行っていることでよく知られている。
8　『佐伯好郎遺稿並伝　下』一七一三頁
9　法本義弘編『佐伯好郎遺稿並伝　上』大空社、三二七頁
10　『中田重治全集　第二巻』七〇頁
11　同頁
12　同書、七八〜七九頁
13　『公共宗教の光と影』一八〇頁
14　中川右介『世界を動かした「偽書《フェイク》」の歴史』KKベストセラーズ、二〇一八年、一二五〜一二六頁
15　小谷部全一郎『成吉思汗ハ源義経也』富山房、一九二四年、一七七〜一七八頁
16　小谷部全一郎『日本及日本国民之起源』厚生閣、一九二九年、三六二、三六八〜三六九頁
17　『中田重治全集　第二巻』七三頁
18　同書、七四頁
19　同書、一五頁
20　酒井勝軍『世界の正躰と猶太人』内外書房、一九二四年、二一三〜二一五頁
21　久米昌文『「異端」の伝道者　酒井勝軍』学研パブリッシング、二〇一二年、三五六頁
22　小澤実編『近代日本の偽史言説――歴史語りのインテレクチュアル・ヒストリー』勉誠出版、二〇一七年、二五〇頁
23　『中田重治全集　第二巻』六八頁

24 同書、七五頁
25 同頁
26 『「異端」の伝道者　酒井勝軍』三六七頁
27 中村敏『日本キリスト教宣教史』いのちのことば社、二〇〇九年、二九～三〇頁
28 日猶同祖論者の人々が中心となって運営している組織としては、「日本を愛するキリスト者の会」や「聖書と日本フォーラム」等がある。日猶同祖論に立つ愛国主義的立場の一例として、久保有政著『神に愛された日本――日本人に生まれて良かった』（レムナント出版、二〇〇七年）を挙げることができる。久保はこの書の中で、戦後の日本史観がGHQや左翼活動家の植えつけた自虐史観の影響下にあると指摘している。そして日米戦争はアメリカが仕掛けたもので、日本は自存自衛のためにやむをえず戦った戦争であると主張し、従軍慰安婦や南京虐殺事件も捏造であると論じている。また本書の中で、「ユダヤ人国家建設のために祈り続けた日本人」の項で、代表的な日本人として、中田重治を取り上げ、その偉大さを誉め称えている。
29 『公共宗教の光と影』一七七頁
30 同頁
31 同頁
32 『中田重治全集　第二巻』五一頁
33 同書、七五頁
34 同書、一〇頁
35 同書、一三一頁
36 フリーマン・ダイソン他『人類の未来――AI、経済、民主主義』NHK出版、二〇一七年、二七〇頁
37 同書、二七二頁
38 藤原明『日本の偽書』文藝春秋社、二〇〇四年、一三頁

39 同書、一四頁
40 同書、一五頁
41 『中田重治全集　第六巻』四〇四～四〇五頁
42 八巻和彦編著『「ポスト真実」にどう向き合うか』成文堂、二〇一七年、五頁
43 吉見俊哉『トランプのアメリカに住む』岩波書店、二〇一八年、三八頁
44 小森陽一編『「ポスト真実」の世界をどう生きるか——ウソが罷り通る時代に』新日本出版社、二〇一八年、五頁

第二章　中田重治とディスペンセーション主義

すでに第一部で、中田とホーリネス教会の再臨信仰を中心とする聖書解釈の立場は、千年期前再臨説と結びつくディスペンセーション主義（天啓的史観）と呼ばれるものであることを紹介した。本章では、この聖書解釈の立場をとると、なぜユダヤ人問題に傾斜し、ユダヤ人支援に繋がるのかを考察してみたい。さらには、今日におけるアメリカのトランプ政権が親イスラエルの立場を鮮明にしているその背景として、こうした聖書解釈の影響を受けているキリスト教原理主義や福音派の支持があることを紹介したい。

1　キリストの再臨と千年王国説について

本項においては、まずイエス・キリストの再臨とそれに伴う千年王国説について考察してみたい。旧約聖書は、様々な箇所で亡国の民となったユダヤ民族が未来に神の支配のもと、地上での回復や祝福にあずかることを予言している（イザヤ四〇・九〜一一、五二・七〜一二、六五・一七、エゼキエル三七・二五、ヨエル三・二〇、アモス九・一四、一五、ゼカリヤ九・九、一〇ほか）。これらの祝福の期間は、時間が限定されていないので、ヨハネの黙示録に予言されている千年期の祝福と結びつける解釈もあるが、それは明確な結びつきとは言えない。

新約聖書においても、限定された期間ではあるが、未来におけるキリストの支配について予言している（マタイ一九・二八、二五・三一～四六、Ⅰコリント一五・二三～二八、Ⅰテサロニケ四・一三～一八）。

しかし何といっても最も明確な表現で「千年王国」について予言している箇所は、ヨハネの黙示録二〇章一～一〇節である。ここでは、六回「千年」という言葉が用いられている。まず御使いが天から下り、竜（古い蛇）となっている悪魔を捕らえ、千年の間底知れぬ所に閉じ込める（一～三節）。次に、イエス・キリストへの信仰を守り抜いて殉教した人々と聖なる者たちの第一の復活があり、彼らは千年の間キリストとともに王として治めると予言されている（四～六節）。この至福の千年王国をめぐっては、歴史的にも今日的にも様々な解釈がなされてきた。中田重治の再臨解釈とその言動を理解するうえで、この解釈問題をめぐる考察がまず必要である。

2　教会史における千年王国説の展開

キリストの再臨とそれに伴う千年王国の解釈に関しては、以下に紹介するように、三つの立場がある。

第一は、「無千年王国説（Amillennialism）」と呼ばれる立場である。この立場をとる人々は、ヨハネの黙示録を比喩的・象徴的に解釈する。それで、二〇章に出てくる「千」という言葉は、特定の数値を表すものではなく、完全や栄光ある勝利の象徴であると解釈する。

この解釈は、ヒッポの司教アウグスティヌスが唱えたものである。彼はその著書『神の国』において、現在の地上の教会が神の国であり、教会はキリストとともに治めているとした。[*1] すなわち二〇章の「千年王国」は、再臨の後の未来の出来事ではなく、教会による現在の支配を表すというものである。この解釈は、それ以降今日までカトリック教会で支配的である。

プロテスタント宗教改革において、M・ルター、J・カルヴァンらの宗教改革者たちは聖書論、救済論、教会論等ではカトリック教会の立場を厳しく批判したが、終末論に対してはこうした立場を基本的に受け入れている。[*2]

次に、この千年王国を文字どおりに一千年間の王国と解釈する「千年王国説」があるが、この千年王国説をめぐっても、キリストの再臨をこの千年王国の後ととるか前ととるかで、二つの立場に大別される。

前者の立場を、「千年期後再臨説（Postmillennialism）」と称している。この立場によると、福音の宣教を通し、そしてキリストの支配のゆえにこの世は改善され進歩して、「千年王国」と呼ばれる義と平和の長い祝福の時代となり、その後にキリストが再臨すると考える。この解釈に立つと、遠い未来にこの世の終末と再臨を想定しているため、漸進的改革を志向する人々に支持されやすい傾向がある。アメリカのクリスチャンの間では、十九世紀半ばに起きた南北戦争前は、この千年期後再臨説が支配的であった。アメリカにおける信仰復興運動の担い手であったジョナサン・エドワーズもこの立場であった。十九世紀から二十世紀にかけての主要な改革派の神学者たちもこの見解である。[*3]

それに対して、千年王国の前にキリストの再臨があるとする立場を「千年期前再臨説（Premillennialism）」と呼ぶ。この立場をとると、キリストの再臨の後に千年王国が到来するという解釈であり、アウグスティヌス以前の初期の教会はそのように理解していた。ヨハネの黙示録が書かれた一世紀の終わりごろからその後の三世紀まで、キリスト教会はローマ帝国による激しい迫害に苦しんでおり、著者の使徒ヨハネ自身が迫害下でこの啓示を受けている。そうした初期のキリスト者たちにとって、神がまもなく歴史に介入し、悪の勢力に対して究極的な勝利をもたらすという予言は、大きな希望であり、励ましであった。たとえば、ヨハネの黙示録二章八〜一一節ではスミルナの教会に対して来たるべき迫害を予言した後に、こう語られている。

「死に至るまで忠実でありなさい。そうすれば、わたしはあなたにいのちの冠を与える。」（二・一〇）

このように初期の教会において一世紀から三世紀までは、千年期前再臨説は最も広く支持されていた見解であった。そして、今日においても広く受け入れられている立場である。

これは、歴史上の教会と来たるべき千年王国とを別のものとして区別し、キリストの再臨は千年王国の前に起き、キリストが支配する義と平和の千年王国が地上に打ち立てられた後に、サタンがその牢から解き放たれ、最終決戦が行われる、とする。その後にヨハネの黙示録二一章で約束されている新天新地が到来し、すべてが新しくなる、と。

以上で千年王国をめぐる三つの解釈を紹介した。岡山英雄は、『小羊の王国――黙示録は終末について何を語っているのか』（改訂版）において、これらの解釈を紹介しながら、次のように指摘している。

「これら三つの解釈は、択一的ではなく相補的であって、視点を変えることによって終末論の多様な側面が明らかにされていく。

黙示録の世界においては、千年王国は来臨後の過渡的な期間として記述されており、千年期前再臨説が支持される。しかしそれは必ずしも、無千年王国説と千年期後再臨説を偽りの説として退けることを意味しない。千年王国の解釈の違いは教会の一致を妨げるものではない。[*4]」

筆者も基本的にこの立場に同意するものである。しかし現実の教会の歩みの中では多くの場合、この終末論をめぐる解釈の違いは、異なる他者に対して排他的となり、自分の立場に固執するものとなりがちである。

3　欧米の教会におけるディスペンセーション主義の広まり

十九世紀になると、欧米のプロテスタント教会で再びこの千年期前再臨説が勢いを盛り返してきた。しかもこの時期にディスペンセーション主義（「天啓的史観」とか「契約期分割主義」と称される）と呼ばれる立場と結びつく解釈が影響力を持つようになってきた。「ディスペンセーション」という言葉の語源は、ギリシャ語の「oikonomia」に由来する。聖書箇所では、家の中の仕事を「管理する」、「分配する」という意味で用いられ、そこから「支配する」、「計画を立てる」ということを意味するようになった（ルカ一二・四二、一六・一～四、Ⅰコリント四・一、二、Ⅰペテロ四・一〇）。

ディスペンセーション主義とは、千年期前再臨説の立場をとりながら、神が聖書に示しておられる契約の歴史を七つに分ける考え方である。すなわち、1「無垢《むく》の時代」、2「良心の時代」、3「人間による統治の時代」、4「約束の時代」、5「律法の時代」と続く。今は六番目の「恵みの時代（教会の時代）」であり、イエス・キリストの死と復活から始まり、現在も継続している。最後の七番目がキリストの再臨をもって始まる「御国の時代」であり、この時代がすなわちヨハネの黙示録二〇章で予言されている至福の「千年王国」であるとする解釈である。[*5]

「ディスペンセーション主義」と呼ばれるこの聖書解釈の立場は、十九世紀の初期にイギリスで始まった。最初に提唱したのは、エドワード・アーヴィングという人物である。アーヴィングはスコットランドの長老教会の教職であり、後に公同使徒教会を創立した。そして、聖書の預言を中心とする自分の解釈を自著によって発信していった。ディスペンセーション主義と呼ばれた彼のこの聖書解釈は、イギリスでプリマス・ブレズレンの運動を推進したジョン・ネルソン・ダービーによってアメリカで広められていく。ダービーはしばしばアメリカを訪れ、活発な伝道活動を行った。

プリマス・ブレズレン運動そのものはアメリカではそれほど広まらなかったが、ディスペンセーション主義は南北戦争後の十九世紀後半にアメリカで次第に広まっていく。ダービーが強力に発信したこの聖書解釈は、千年期前再臨説と密接に結びついていた。「千年王国」は、すでに述べたように聖書の中ではヨハネの黙示録の二〇章一節から一〇節までのただ一か所で予言されており、キリストの再臨に伴って復活した選民が「キリストとともに千年間統治する王国」とされている。

アメリカにおいては、前述のように十九世紀前半までは千年期後再臨説が支配的であったが、四年間に及ぶ南北戦争が一八六五年に終わると、アメリカの歴史に挫折感を覚えた人々の間に、ディスペンセーション主義と結びつく千年期前再臨説が急速に広まっていったのである。

このディスペンセーション主義と千年期前再臨説を自分の伝道活動と積極的に結びつけたのが、大衆伝道者D・L・ムーディであった。千年期前再臨説を強調することが、この世への厭世観と再臨の切迫感とに結びつき、福音伝道に非常に効果的であったからである。当然ながら、彼が設立したムーディ聖書学院は、この立場に立っており、いわばディスペンセーション主義の牙城とも言うべきこの聖書学院で中田は学んだのであった。ちなみにディスペンセーション主義に立つ神学校としては、ほかにダラス神学校、グレイス神学校、ロサンゼルス聖書学校（後のバイオラ大学）等が知られている。[*6]

ディスペンセーション主義をアメリカのプロテスタント教会に広めるうえで、大きく貢献したのが、W・

E・ブラックストーンであった。彼は、アメリカにおける再臨運動の指導者およびクリスチャン・シオニストの祖として知られている。十一歳の時に新生体験をし、強い信仰心を持ちながら成長した。彼は、所属するメソジスト教会の熱心な信徒であった。前記のダービーに師事しながら、聖書の研究を続けた。成人して不動産関係の仕事で成功を収めるが、やがて信徒伝道者として活動を始める。

ブラックストーンは一八八二年に、*Jesus Is Coming* を出版する。この書は、一九二七年までに日本語を含む三十六か国語に翻訳され、一九三五年までに百万部以上を売り上げるベストセラーとなった。この書がアメリカのプロテスタント教会にディスペンセーション主義を普及させるうえで非常に大きな役割を果たしている。ブラックストーンは、この本の売り上げと自らの不動産業によって得た莫大な資金を、千年期前再臨説と結びつくディスペンセーション主義の立場に立って伝道する様々な宣教団体に提供している。[*7]

彼は神学的には、ユダヤ人に対する神の約束は教会に取って代わったとする、いわゆる置換神学を批判し、ユダヤ人をパレスチナに帰すことの重要性を強調し、当時のアメリカのハリソン大統領や政治家、大財閥、最高裁判事に働きかけている。彼の活動のこうした背景には、当時のロシアでユダヤ人に対する迫害が盛んになされていたことへの危機感があった。彼は一八九〇年にシカゴで、キリスト教とユダヤ教の指導者を集め、「イスラエルの過去・現在・未来」をテーマとする会議を主催している。そしてその対策として国際的な行動の必要性を訴えるために、四百人以上の政治、市民、ビジネス、宗教の指導者の署名を集め、当時のハリソン大統領やブレイン国務長官宛に嘆願書を提出しているほどである。[*8]

上坂昇はその著書『神の国アメリカの論理』の中で、ブラックストーンのこうした活動は、「聖書の教えを実現するために大規模な社会運動を組織するという、宗教界にとっては新しい方法論を確立した」と評価している。そして百年後に起きた、福音派の指導者ジェリー・ファルウェルの「モラル・マジョリティ」の政治運動の原型となったと指摘している。[*9]

本文で述べたように、東洋宣教会が大正期に日本で行った全戸トラクト配布運動に対して、ブラックストーンは一万五千ドル〔筆者注＝当時の日本円にして三万円。現在の貨幣価値に換算すると約一億円〕という多額の支援を行っている。[*10] このことも、東洋宣教会がディスペンセーション主義に堅く立っている宣教団体であったからである。

4　中田重治に対するブラックストーンの感化

中田は、一九一七年末にブラックストーンのこの著作を翻訳し、『耶蘇は来る』と題して、東洋宣教会ホーリネス教会から出版した。この翻訳は、『中田重治全集』の第四巻に収められている。この書においては、キリストの再臨とその前後の出来事については、下のような図解入りで示されている。[*11]

ブラックストーンは、この書で千年期前再臨説について多くのページを割いて、これがもっぱら正しい解釈であることを力説している。芦田道夫によれば、「千年期前再臨説のもっとも基本的な信念は、世はますます悪くなりキリスト再臨に至ってすべてが解決し、真の神の国が実現するというものである。このため現在における社会的、世界的改善にはきわめて悲観的である」とされる。[*12]

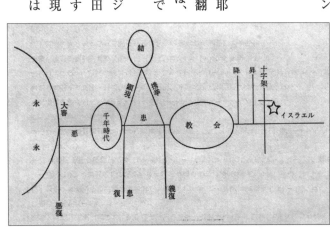

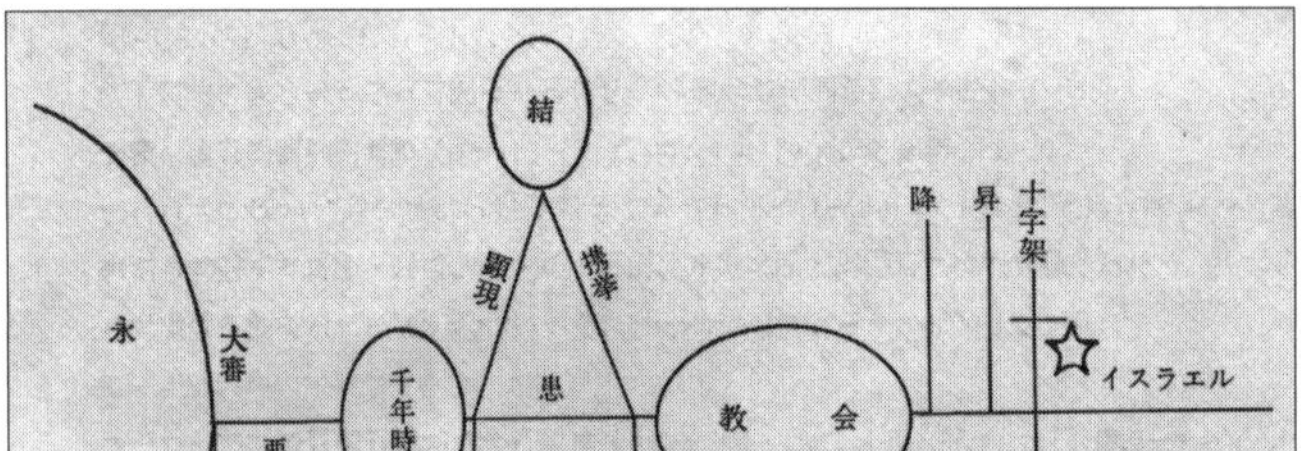

確かに『耶蘇は来る』の中で、ブラックストーンはマタイの福音書一六章六～一二節のパン種の教えを引用し、次のように強調する。

「そこでわれらは最も力強くこう教えられている。すなわちこの世はますます良くならないのみではなく、いわゆる教会さえもその塩気を失って、名ばかりのなまぬるいものとなり、ただ主の口より吐き出されるのみであるとのことである。[*13]」

それゆえ、「王なるキリストが来たるほかに、この世には望みがない[*14]」。

さらに彼は、千年期前再臨説を正しく理解するために最も大切なことが二つあるとし、その一つが「携挙《けいきょ》と顕現《けんげん》との区別である」と主張する。[*15]「携挙（ラプチャー）」とは、テサロニケ人への手紙第一、四章一七節にあるように、キリストが信者たちと会うために空中まで降りて来て、聖徒たちを携え挙げ、そこで会う「空中再臨」である。したがって信徒の最高の望みは、キリストが再び来られる時に携挙されることであり、そのために聖潔を求めなければならないとされる。この点において、再臨待望と四重の福音の一つとして強調されている聖潔の教えとが結びついてくるのである。

芦田道夫によれば、アメリカのホーリネス運動において強調されてきた聖霊のバプテスマを千年期前再臨説に結びつけたのが、ジョージ・ワトソンであるとされる。ワトソンは、聖霊のバプテスマを受けたクリスチャンだけが空中携挙にあずかると主張し、ホーリネス運動にこうした教えを浸透させた。[*16]中田は、この立場を受け継いだのである。芦田によれば、「中田重治におけるホーリネス神学の特徴は、聖化（聖霊のバプテスマ）と再臨信仰の携挙との結びつきの強調にある」とされる。[*17]実際中田は、キリストの再臨において、聖められた者だけがこの携挙の恵みにあずかることを力説している。[*18]

次に、「顕現」とは地上再臨とも言われ、キリストの空中再臨後に地上ではしばらくのあいだ患難時代があり、その後キリストは携え挙げられた聖徒たちとともに地上に「顕現」する。この顕現によって、いよいよ千年王国が始まるのである。このように、ブラックストーンは、キリストの再臨は空中再臨（携挙）と地上再臨（顕現）の二段階から成ると解釈する。

もう一つの重要な点は、イスラエルと教会を区別することである。ブラックストーンはイスラエルに関する聖書の預言は、文字どおりに実現すると考える。旧約のイスラエルに関する預言を、新約におけるクリスチャンの群れである教会に適用することを退ける。これは当然ながら、イスラエルの民に対する約束は、霊のイスラエルであるキリスト者の群れである教会に置き換わったという「置換神学」を否定することになる。つまり、キリストが再臨されるとき、現実のイスラエルの回復、すなわちダビデ王国の回復が必須の出来事になるのである。千年期は教会のためではなく、あくまでイスラエルのための千年王国であり、そこでは教会は招かれた客にすぎないとされる。

この解釈によれば、イスラエルはキリストの顕現に先立って、実際にイスラエルの地に回復され、ユダヤ人国家が再建されると信じることになる。ブラックストーンは著書の第五章「千年期」の中で、次のように主張する。

「われらの主イエス・キリストはメシヤであり、彼は地上に来たって悪魔とすべての不敬虔な政府と不法を滅ぼし、正義の王国を立て、彼自ら教会とともにこの世を支配し、エルサレムはその首府となり、再び集められて悔い改めたユダヤ人は中心となり、すべての国民は普遍的で万国的なきよく、かつきれいな政府の支配下になることを信じているものである。[*19]」

実際にこの本を書いていたとき、ブラックストーンは、ユダヤ人がエルサレムに帰還しつつあることに言及し、キリストの顕現が近づいている証拠としているほどである。このように再臨が近づいている現在、クリスチャンがすべきことは全世界に福音を宣べ伝えることによって、主の日を早めることであると主張する。中田がこの本を翻訳した一九一七年にはバルフォア宣言が出され、ユダヤ人が続々とパレスチナに集結していた。

さらにもう一つの重要なブラックストーンの主張は、患難期前再臨という立場である。すなわち、キリストの再臨（空中再臨）は患難期の前であるとされるため、教会は患難に遭うことなく携挙されるという理解である。それゆえ終末時におけるキリスト者の望みとは、患難を受けないことであり、患難の時代の前にキリストとともに空中へ引き上げられる（携挙される）ことであり、そのために聖化されねばならないのである。

中田も当然ながらこの患難期前再臨の立場に立ち、昭和のリバイバルの中で、「患難の前に空中に携え上げられて、キリストの花婿なる純教会はこの悩みにあわずにすむのである」と主張し、「キリストに来ていただきさえすれば、いっさいの問題も解決されて、個人も社会も国家も、世界も神のご支配のもとに平和を楽しむようになるのである」と断言し、再臨の切迫感を強調するのである。[*20]

このブラックストーンの本はアメリカだけでなく、広く世界中で読まれ、ホーリネス教会をはじめ、こうした千年期前再臨信仰に立つ教会にとっても教科書のような役割を果たしたのである。これを翻訳した中田は、当然ながらこの立場に立って熱心に再臨信仰を訴えている。

なおこのディスペンセーション主義が、アメリカのプロテスタント教会に広く影響を及ぼすうえで、C・スコフィールドの引照付聖書の発行が果たした役割も見過ごすことはできない。スコフィールドが一九〇九年に発行した『スコフィールド引照付聖書』は、ディスペンセーション主義と千年期前再臨説の聖書解釈に立つ注釈付の聖書であり、十年間で二百万部を売り上げる一大ベストセラーになり、アメリカにおいてディスペンセーション主義の進展に大きく貢献した。[*21]

ディスペンセーション主義の解釈によれば、天地創造以来の人間の歴史の最後の七番目の「御国の時代(キリスト統治時代)」に、再臨のキリストが再び地上に登場し、正しいさばきを行った後に、回復されたイスラエルと地上の諸国を千年間治めるというものである。ここでやはり、パレスチナに存在する現実のイスラエルがこの予言の実現に不可欠であるとされる。

イギリスの組織神学者であるA・マクグラスは、この点について古典的なディスペンセーション主義の最も重要な特色を、次のように指摘している。

「『イスラエル』という言葉は常に地上のユダヤの民を指すものであって、決してキリスト教会を表すものではない。イスラエルと教会とは二つの全く異なるものであって、それぞれがそれぞれの歴史と運命を持つのである。『イスラエル』が表しているのは地上の王国に希望をおく地上的な人々である。『教会』はこの世を超えたところに定めを持つ天の人々のことである。[*22]」

中田が機関誌等で主張してきた再臨論は、まさにこのブラックストーンの立場をそのまま受け入れたものである。中田はブラックストーンのこの著作の翻訳を通して、その再臨信仰を自分のものとして身に着けていった。そして重要なことは、この再臨観は中田個人にとどまるものでなく、ホーリネス教会の再臨信仰のゆるがない基準ともなっていることである。一九二九（昭和四）年のホーリネス教会の年会で、ホーリネス教会と東洋宣教会との協賛諸項が発表され、次のように発表されている。

「若《も》し東洋宣教会日本ホーリネス教会が其教理と実行とに於て東洋宣教会が標榜する、聖書的新生（哥後〔筆者注＝Ⅱコリント〕五・一七）、（メソヂストの開祖ジョンウェスレーに由りて教へられたる）新生に次ぐ経験としての聖書的聖潔、並に（Ｂ・Ａ・サイス博士著、黙示録講演及び世末論、Ｗ・Ｅ・ブラクストン著イエスは来るに教へられたる）千年期前キリスト再臨説より離反するが如き事あれば、東洋宣教会日本ホーリネス教会は東洋宣教会より譲渡せられたる前記の財産を悉く東洋宣教会に返還すべし。[*23]」

すなわち、両者の協力関係を明文化した際、もしホーリネス教会が新生、聖化の教理とともに、ブラックストーンの『耶蘇は来る』で示されているディスペンセーション主義に立つ前千年王国説から離れるようなことが起きれば、東洋宣教会から譲渡された財産すべてを返還しなければならないことが定められているのである。それほど、この再臨観は両者の宣教活動と協力関係において重要なものであった。

ブラックストーンがアメリカにおいて、こうした聖書解釈の立場から、クリスチャン・シオニストとしてユダヤ人への支援活動を熱心に行ったように、中田重治と東洋宣教会も、そしてホーリネス教会も第一部で指摘したように、ユダヤ人のための祈りと支援活動を熱心に行っていった。

中田は、昭和のリバイバルの最中の一九三一（昭和六）年の説教の中で、一九一七年のバルフォア宣言後ユダヤ人が続々パレスチナに復帰しつつあることを取り上げ、「いまやユダヤ王国は再建されんとしつつ」

あり、このことがイエス・キリストの再臨が近いことの証拠であると強調している。[*24] そしてユダヤ人のために祈り、その伝道のために献金すべきことを力説する。

注目すべきことは、マタイの福音書二五章三一～四六節の最後の審判の説教において、「我が兄弟のいと小さき者」（二五・四〇）とはユダヤ人であり、「このいと小さき者に対してとった態度によって諸国民は審判される」と解釈していることである。[*25]

中田はソドム、ゴモラが神のさばきによって滅ぼされたとき、「五人〔筆者注＝創世一八・三二によれば十人である〕の義人があるならば滅ぼさない」とし、「さらば我等は少数ではあっても七千万同胞の運命は我らにかかっている」とする。それゆえ「ユダヤ人のために尽くすことは、また日本の運命を左右することである。されぼユダヤ人の救いのために、『主イエスさまの来たりたもう日をすみやかにしてください』と祈ろうではないか」と勧めている。[*26]

このように、彼にとってユダヤ人のために祈り、支援をすることは聖書の勧めであり、それこそがホーリネス教会と日本民族の使命であり、民族の救いに繋がるとの揺るがない確信であった。

教授派（委員派）との対立の最中にある一九三三年一〇月五日発表の「主の再臨と救霊」においても、次のように強調している。

「主の再臨を祈る人は神の国を求める人であるから、その一部である天国、すなわち千年王国を待つ者である。されば千年王国の中心的国民であるユダヤ人の回復を祈るようになるのは当然である。[*27]」

このように、ディスペンセーション主義と結びついた千年期前再臨主義の立場に堅く立つ中田にとって、再臨信仰と現実のユダヤ人のパレスチナへの復帰、そのための祈りと支援は日本民族の使命や役割と不可欠のものであった。

役重善洋は、この中田のユダヤ人問題への関心と支援活動を、一九三〇年代のホーリネス教会の満蒙伝道と結びつけて考察している。特に、中田が満州事変以後、日本の陸軍内のユダヤ通として知られていた安江仙弘《のりひろ》中佐と交流を深めていったことを指摘している。[*28]『中田重治傳』によれば、分裂直前の一九三三年三月に安江は東中野メサヤ会館でもたれたユダヤ人問題研究座談会で講演しており、中田はこの講演会を後援している。[*29] 翌年の一九三四年においては、監督派の夏期聖会において安江中佐の講演が二回もあり、関係の深さがうかがえる。この年、安江は中田と共著という形で、『ユダヤ民族と其動向並此奥義』を、東洋ホーリネス教会出版部より出版している。

役重は、『聖書より見たる日本』の中の次の中田の発言に注目する。

「日本が満蒙に手を伸ばすことは当然で、ついに鉄道が敷かれて、トルキスタンからペルシアのほうに出て、バクダッドからエルサレムに至るという順序になるのである。これは聖書から見た大陸政策の一つである。[*30]」

中田によれば、そうしたなかで神から託された日本民族の使命は、「この末の世にて日のいずる国よりイスラエルの援助者を起こし、世界の平和を乱す者を罰して選民を救う」ことにあった。[*31] こうした日本からエルサレムへの西進論を唱えると、満蒙進出はその準備段階にあたるということになる。役重は、『満蒙』から中央アジアを横断する鉄道を敷いてエルサレムに進出するという中田の『西進論』が、陸軍急進派の

「西進論」に影響を受けたのは明らかであり、実際にこのころ満蒙鉄道の整備が急速に進められていたと指摘する。[*32] ただし、そうしたユダヤ人工作とホーリネス教会との関わり、さらにはその政策が破綻した結果がホーリネス系教会への弾圧に結びついたとする役重の推論については、まだ不確定と言わざるをえない。

この項の最後に、ディスペンセーション主義に対する評価を批判的に試みたい。ディスペンセーション主義において、ブラックストーンや中田をはじめその論者たちは、千年王国やその前後のことに関して、具体的な描写をすることに大きな力を注いでいる。しかしヨハネの黙示録そのものは、黙示文学という比喩的・象徴的な基本的性格を色濃く持っており、それを特定の歴史上の出来事に恣意的に結びつけるのは、どう考えても無理が多い。

『新キリスト教辞典』の「千年期」の項において、島田福安はディスペンセーション主義について、「字句拘泥主義者流と言ってよいほどの極端な字義主義」の立場に立ち、「あまりにも機械的に、聖書の表面の字句にこだわりすぎた解釈法をとっている」と厳しく批判している。さらに、「特定の聖句への偏りと、聖書が実際に語っている以上の、多くの細部の読み込みが見られる、として反対する人々も多い」と指摘する。[*33] 確かに中田の終末理解とユダヤ人問題についての聖句の解釈と適用を考察するとき、そう言わざるを得ない。

岡山英雄によれば、千年王国はこれまで過度に強調されてきているが、これについての聖書の記述はヨハネの黙示録二〇章一～一〇節の一か所にすぎず、「しかもそれは歴史の完成ではなく、新天新地に至る過渡的な期間でしかない」とされる。[*34]

さらに岡山は、患難期の前に携挙が起き、教会は苦難を受けないという患難期前再臨説の主張に対しても、次のように明確に否定している。

「黙示録の記述のほとんどは、患難期にかかわるものである。患難の時代における神の民のあり方、警告と励まし、戦いと勝利などが、この書の主題である。……患難の用例を見ると、患難は教会にとって避けるべきものではなく、教会の地上における本質的なあり方である（ローマ五・三、Ⅱコリント四・一七）。……神の民は『多くの苦しみを経て』（使徒一四・二二）、苦難によって煉られ、清められ、純化して（詩篇六六・一〇、ゼカリヤ一三・九、マラキ三・二、三）、神の国に入り、再臨の主に会う。[*35]」

また、こう主張する。

「『教会は終末的な苦難を受けない』という主張は、旧新約における神の民のあり方とは異質である。神の民が地上で苦しみを受けることは終末の時代に限らない。悪の力は新約時代のみならず、旧約の時代においても働いており、神の民はそれゆえにさまざまな苦難を受けてきた。[*36]」

このように聖書釈義の面からも、ブラックストーンや中田が強調するディスペンセーション主義の大きな主張である患難期前再臨は、確かな聖書的根拠がないと言えるであろう。

次に、終末時において、教会とイスラエルを区別する解釈について触れてみたい。確かに人類の歴史の終末において、イスラエル民族は何らかの重要な役割を果たすことが、ローマ人への手紙九～一一章で考えられる。しかしそれはイスラエル民族が一挙に救われるということではなく、多くの者が悔い改め、キリストに立ち返ることが考えられる。

古典的ディスペンセーション主義の解釈では、地上に残されたイスラエル民族が特別な役割を果たし、千年王国において、旧約聖書のイスラエル民族への予言が成就する時と考えられる。しかし、新約聖書では、こうした両者の区別を超えた神の民の普遍性が強調されている。それは以下のとおりである。

「ユダヤ人もギリシア人もなく、奴隷も自由人もなく、男も女もありません。あなたがたはみな、キリスト・イエスにあって一つだからです。」(ガラテヤ三・二八)

「そこには、ギリシア人とユダヤ人もなく、割礼のある者もない者も、未開の人も、スキタイ人も、奴隷も自由人もありません。キリストがすべてであり、すべてのうちにおられるのです。」(コロサイ三・一一)

さらにエペソ人への手紙二章一四〜一五節によれば、すでにユダヤ人と異邦人の間の「隔ての壁」はキリストの十字架によって、打ち壊されたのであり、その結果両者は一つのからだとなり、共に神の家族とされたと強調されている。

それゆえ、終末や再臨における神の民への予言は、基本的にはユダヤ人も異邦人も区別はなく、ただイエス・キリストを信じて神の民とされたすべての民に当てはまると考えるべきであろう。

なお、マクグラスによれば、近年のディスペンセーション主義者は、イスラエルと教会の区別を緩める傾向にあるとされている。*37 また、ディスペンセーション主義にとって、千年期前再臨説は不可欠の要素となるが、千年期前再臨説の立場を取ると、必ずしもディスペンセーション主義と結びつくわけではなく、現実にそうした立場を摂らない千年期前再臨主義者は非常に多い。

4　トランプ政権の対イスラエル政策と福音派（ディスペンセーション主義との関わりも含む）

一九四八年のイスラエル共和国の建国以来、常にアメリカはイスラエルをすべての面で支持し、擁護してきたといえよう。

この政策は政権が共和党であれ、民主党であれ、基本的に変わらなかった。そうしたなかで、二〇一七年に発足したトランプ政権は、今までの政権の中で最も強力な親イスラエル政権になろうとしている。以下にトランプ政権がその登場後に行った対イスラエル政策を取り上げる。

(1)　アメリカ大使館のエルサレム移転

二〇一七年一二月、トランプ大統領はエルサレムがイスラエル共和国の正式な首都であり、テルアビブにあるアメリカ大使館をエルサレムに移転することを宣言した。これは、それまでのアメリカの歴代の政権が留保してきた問題である。そして実際に二〇一八年五月一五日にアメリカ大使館をテルアビブからエルサレムに移転し、その式典を行った。イスラエルは、ちょうどこの年建国七〇周年にあたり、これを大歓迎した。

一方、イスラエルと対立関係にあるパレスチナ人は激しい抗議活動を行い、イスラエル軍の発砲により、多くの死傷者が出た。こうしたことから、今後のアメリカの仲介による中東和平交渉はきわめて困難であると言わざるを得ない。今のところ、アメリカに同調して自国の大使館をエルサレムに移転したのは、数か国にとどまる。

この年、イスラエル国会は七月に「ユダヤ人国家法」を可決し、イスラエルを「ユダヤ人の民族的郷土」

とし、アラビア語を公用語から外した。これに対し人口の二割を占めるアラブ系の住民は激しく反発している。

(2) アメリカの国連諸機関からの離脱

二〇一八年六月二〇日、アメリカは国連人権理事会から離脱を表明した。その理由は、「慢性的なイスラエルへの偏見を抱えている」運営を行っているからである。トランプ政権は、その前年の二〇一七年一〇月にイスラエルとともに、ユネスコ（国連教育科学文化機関）から脱退した。その理由は、活動が反イスラエル的で、パレスチナ寄りに偏向しているからである、とのことである。

このようにアメリカは、国連の関係機関が反イスラエル的であることを理由に次々とそこから脱退している。

(3) パレスチナ難民への支援の停止

トランプ政権は、二〇一八年八月三一日に国連パレスチナ難民救済事業機関（ＵＮＲＷＡ）への拠出金を完全に止めると表明した。二〇一六年の拠出金総額一二億四千万ドル（約一三七六億円）のうちアメリカは約三割の三億六千万ドルを出す最大の支援国である。

この処置によって、難民五百三十万人は人道危機の恐れに直面している。八月にはパレスチナ自治政府に向けた二億ドルの経済支援も撤回している。これには、アメリカが仲介するイスラエルとの和平交渉を拒否するパレスチナ自治政府に圧力をかける狙いがある。この年の一一月のアメリカ議会の中間選挙に向け、イスラエル支持者が多いキリスト教福音派の支持を確実にする思惑もあったと考えられる。当然ながら、イスラエルのネタニヤフ首相は、これを大歓迎する声明を発表した。

⑷　シリア領ゴラン高原にイスラエルの主権を認めると宣言

二〇一九年三月二一日、トランプ大統領はイスラエルが占領するゴラン高原について、「米国がイスラエルの主権を全面的に認める時だ」と表明した。そしてネタニヤフ首相のアメリカ訪問に合わせ、トランプ大統領は三月二五日にゴラン高原にイスラエルの主権があるとの宣言書に署名した。

シリア領であるゴラン高原は、一九六七年の第三次中東戦争以来、イスラエルが占領を続けており、一九八一年に一方的に併合を宣言した地域である。しかし国連安全保障理事会は、全会一致でイスラエルに併合撤回と軍の撤退を求めている。

今回のトランプ政権の処置に対して、当然シリア政府や中東のイスラム諸国は激しく非難しているが、イスラエルのネタニヤフ首相は大歓迎している。このアメリカの政策転換について、国際社会の反発は必至で、早速国連のグテレス事務総長はこれを非難する声明を出している。そして三月二七日にシリア政府の要請で開催された安全保障理事会においてもアメリカの決定を支持する国はなく、アメリカの外交的孤立が鮮明となっている。こうしたアメリカ第一主義のイスラエル寄りの政策が、中東情勢のさらなる不安定化に繋がる可能性が非常に大きいと言えよう。

二〇一九年三月二三日付の『朝日新聞』は、これについて次のように報じている。

「米国の歴代政権もこれまで、イスラエルの主権を一切認めていなかった。こうした立場を覆すトランプ氏の主張の背景には、親イスラエルの傾向が強い自身の支持層にアピールする狙いと、イスラエル寄りの立場を鮮明にしてきた政権の中東政策がある。

トランプ氏が米国内で最大の支持母体とするキリスト教福音派は親イスラエル傾向が強い。大統領再選をめざすために、その支持固めは欠かせない。[*38]」

このように、トランプ政権は歴代の政権の中ではかつてなく、親イスラエル政策を取り続けており、そこには彼の強固な支持母体である福音派の存在があるといえよう。

筆者は、二〇一八年に『分断と排除の時代を生きる——共謀罪成立後の日本、トランプ政権とアメリカの福音派』を出版した。その中で、なぜ宗教右派・福音派がトランプ政権の誕生に貢献し、その後も支持し続けるのかについて考察しているので、参照していただきたい。[*39]

さらに、その本の「トランプ政権の対イスラエル政策について」の項において、歴代政権の中で最も徹底した親イスラエル政策を取るトランプ政権を強固に支持する福音派、クリスチャン・シオニストについても紹介した。[*40]

そしてディスペンセーション主義の影響を受けた福音派の人々が、歴代の共和党政権を支持し、その親イスラエル主義に影響力を及ぼしてきたことは間違いないことである。それらの指導者の中には、ジェリー・ファルウェル、パット・ロバートソン、ジョン・ヘイギーらが数えられる。

ところが、『クリスチャニティ・トゥデイ』誌の推定によると、福音派の中でディスペンセーション主義者はわずかに一〇パーセントしかいないとされている。[*41] ただそうした立場に沿って出版された書物がベストセラーになったことから見ると、それなりにアメリカ国民に影響力があることが推測される。その一つが、ハル・リンゼイによる『今は亡き大いなる地球』（邦訳がいのちのことば社から出版されたときのタイトルは、

『地球最後の日』）である。リンゼイはこの本の中で、一九四八年のイスラエル国家の建設こそ現在および未来のすべての出来事の出発点になっているとしている。そのユダヤ人国家が現実に成立した以上、ありとあらゆる聖書の預言が関連性を持ち、実現に向かう秒読み段階に入ったことになる、と主張する。[*42]

やはりディスペンセーション主義の立場で書かれた本が、ティム・ラヘイとジェリー・ジェンキンス共著の「レフトビハインド」シリーズである。近未来小説とも言うべきこのシリーズは、一九九五年に発売以来最終巻の一二巻まで全米で六千五百万部を超える一大ベストセラーとなっており、アメリカで映画化もされた。日本では、いのちのことば社から十二巻のシリーズで翻訳出版されている。ハル・リンゼイの著作や『レフトビハインド』シリーズをはじめ、ディスペンセーション主義の立場に立つ書籍は、日本でかなり翻訳・出版されており、日本の福音派に少なからず浸透していると考えられる。[*43]

「レフトビハインド」シリーズの神学的立場は、ディスペンセーション主義に立った、千年期前再臨・患難期前携挙という終末論的立場である。この携挙が実現するための条件づくりが、イスラエル支援に結びつくことになるのである。とにかくこの著者たちの終末論は、結論的にパレスチナにおけるイスラエル国家とそのなすところへの無条件の支持に繋がっていく。著者のティム・ラヘイは、アメリカにおける宗教右派の指導者の一人としてよく知られている。

こうした福音派の人々や宗教右派の人々とかなりの部分で重なるのが、クリスチャン・シオニストと呼ばれる人々である。クリスチャン・シオニストとは、イスラエルを支援し、その国益を擁護することがキリスト者の信仰的義務であるとする人々である。前項で紹介したブラックストーンは、まさにクリスチャン・シオニストの父と呼ぶべき人物であり、中田重治も日本におけるクリスチャン・シオニストと言うことができる。

二〇一四年のアメリカのシンクタンクであるピュー研究所は、アメリカの白人の福音派の六三パーセントがクリスチャン・シオニストであると見積もっている。[*44]

福音派の多くの人々が中東問題については、クリスチャン・シオニズムの立場を取り、イスラエルに絶対的と言ってよいほどの支持を与えている。トランプ大統領の強硬な対イスラエル政策は、固いその支持基盤である福音派およびクリスチャン・シオニストによって支えられている。

これからもトランプ政権が続く間は、こうした親イスラエル政策が続くことが予測され、イスラエルとパレスチナ自治政府やそれを支援するアラブ諸国と対決や軍事的衝突が続くことが懸念される。

筆者はイスラエル・パレスチナ問題の解決は、やはり従来の国連決議に見られるように、イスラエルとパレスチナの二国家の平和共存であり、エルサレムの帰属は両者の交渉によるべきである、と考える。そのためにも、国連や関係各国、そして日本も公平な立場に立って、それぞれの役割を果たすべきである。

中田重治の過度な終末論への傾斜が分裂や混乱をもたらしたように、今日においてもその冷静さと公平さを欠いた信仰理解や偏った教義の立場に基づく政治行動は、危険であると言わざるを得ない。聖書を正しく、バランスをもって解釈することと、冷静な歴史認識がいつも求められている。

注

1 松田禎二・岡野昌雄・泉治典訳『アウグスティヌス著作集　第十五巻「神の国」(5)』教文館、一九八三年、一二四〜一二六頁
2 島田福安「千年期」、『新キリスト教辞典』いのちのことば社、一九九一年、八六二頁
3 上坂昇『神の国アメリカの論理――宗教右派によるイスラエル支援、中絶・同性結婚の否認』明石書店、

二〇〇八年、一〇八〜一〇九頁
4　岡山英雄『小羊の王国——黙示録は終末について何を語っているのか』改訂版、いのちのことば社、二〇一六年、）二二二〜二二三頁
5　高木慶太「ディスペンセーション主義」、『新キリスト教辞典』いのちのことば社、一九九一年、九一五〜九一八頁
6　今日においては、これらの学校の立場は古典的ディスペンセーション主義から、それを修正した立場である漸進的ディスペンセーション主義とされている。
7　日本ホーリネス教団歴史編纂委員会編『ホーリネス信仰の形成——日本ホーリネス教団史　第一巻』日本ホーリネス教団、二〇一〇年、六二頁
8　『神の国アメリカの論理』一〇八〜一〇九頁
9　同書、一〇九頁
10　『ホーリネス信仰の形成』三六二頁
11　米田勇編『中田重治全集　第四巻』中田重治全集刊行会、一九七五年、七一頁
12　芦田道夫『中田重治とホーリネス信仰の形成』福音文書刊行会、二〇〇七年、八九頁
13　『中田重治全集　第四巻』一四八頁
14　同書、一四四頁
15　『中田重治とホーリネス信仰の形成』八七頁
16　同書、八七〜八八頁
17　米田勇編『中田重治全集　第一巻』中田重治全集刊行会、一九七三年、二四二〜二四三頁
18　『中田重治全集　第四巻』七六頁
19　同書、二九頁

20 『中田重治全集　第七巻』四八〇頁
21 『神の国アメリカの論理』一〇六頁
22 A・マクグラス、神代真砂実訳『キリスト教神学入門』教文館、二〇〇二年、七六八～七六九頁
23 『ホーリネス信仰の形成――日本ホーリネス教団史　第一巻』三六五頁
24 米田勇編『中田重治全集　第六巻』二九三頁
25 同書、二九九～三〇〇頁
26 同書、三〇〇頁
27 『中田重治全集　第四巻』五三〇頁
28 役重善洋『近代日本の植民地主義とジェンタイル・シオニズム』インパクト出版会、二〇一八年、三一七～三一八、三二一～三二三頁
29 米田勇『中田重治傳』四六〇頁
30 『中田重治全集　第二巻』一六五頁
31 同書、一二三頁
32 『近代日本の植民地主義とジェンタイル・シオニズム』三一八頁
33 島田福安「千年期」、『新キリスト教辞典』八六四～八六五頁
34 『小羊の王国』一二〇頁
35 岡山英雄「患難期と教会（黙示録の終末論）」、『福音主義神学31』日本福音主義神学会、二〇〇〇年一二月、三八～三九頁
36 『小羊の王国』五四～五五頁
37 『キリスト教神学入門』七六九頁
38 『朝日新聞』二〇一九年三月二三日、三面

39　中村敏『分断と排除の時代を生きる——共謀罪成立後の日本、トランプ政権とアメリカの福音派』いのちのことば社、二〇一八年、四四〜五九頁
40　同書、六二〜七一頁
41　マーク・R・アムスタッツ、加藤万里子訳『エヴァンジェリカルズ』太田出版、二〇一四年、一四四〜一四五頁
42　ハル・リンゼイ著、湖浜馨訳『地球最後の日』いのちのことば社、一九七三年、五九〜六三頁。グレース・ヘルセル著、越智道雄訳『核戦争を待望する人びと——聖書根本主義潜入記』朝日新聞社、一九八九年、四五〜四六頁
43　戦後の日本では、いのちのことば社や聖書図書刊行会からディスペンセーション主義の立場に立った書物が出版されている。それらの著者としてはハル・リンゼイ以外に、L・S・シェイファー、A・T・リードらがおり、日本人では『近づいている人類の破局』、『これからの世界情勢と聖書の預言』などの著者である高木慶太が知られている。
44　宮田律『トランプが戦争を起こす日——悪夢は中東から始まる』光文社、二〇一七年、一一八頁

第三章　中田重治と愛国主義および一元的統率

1　中田重治と愛国主義

すでに第一部で繰り返し言及したように、中田重治は天皇と皇室を深く尊崇する熱烈な愛国主義者であった。それは、彼の生涯を貫いていると言えよう。一九二九（昭和四）年に発表した『日本ホーリネス人の使命』の中で、中田は「皆様に申し上げる。私どもは国民として皇室中心主義、信者としては聖書中心主義である」と言い切っている。[*1] またリバイバルの最中の一九三三（昭和八）年に発表した『民族への警告』の中で、為政者に服従すべきことを説いたローマ人への手紙一三章一節に言及して、次のように主張している。

「このことはわが日本国においても同じであって、しもべたる者、また臣民たる者は自分の都合から割り出して従うべきでなく、何がなんでも従うべきであって、帝国憲法の冒頭に、『天皇は神聖にして侵すべからず』としるされてあるとおり、臣民たる者はこのおかたに絶対にお従いすることがわが国建国以来の国是である。……聖書くらいわが国体と合致したものはない。[*2]」

また彼は、次のようにも語っている。

「日本は元来このひとりのご人格者によってすべ治められてきた国で、このおかたを、『みこと』と仰ぎ尊んできたのである。これは実に驚くべき思想で、聖書の教えるところと一致するのである。[*3]」

このように彼の信仰理解において、皇室中心主義と聖書中心主義は全く矛盾することなく共存している。確かに中田の率いるホーリネス教会は、神社参拝に対しては厳しい態度を取り、多くの摩擦を生じさせ、迫害を受けた。しかし神社参拝と結びつくはずの皇室に対しては、前記のように皇室中心主義を明確に主張した。そして再臨信仰の高揚する一九三三（昭和八）年四月二〇日、中田夫妻は天皇主催の観桜会に招待されているほどである。[*4]このときは、まだ神社問題でホーリネス教会が戦っている時期であった。[*5]

こうした点に関して、上中栄は次のように指摘している。

「偶像礼拝に対する潔癖さと皇室中心主義との間に矛盾を感じることなく、両者が受け入れられているのである。為政者が皇室や国家の名によって神社参拝を強要することに反対するが、皇室の祭事が神社と関わることは認めており、皇室と神社がどこかきれいに切れてしまっている。そこから発生するであろう問題については楽観的であった。[*6]」

彼の中にある愛国主義とも言うべきナショナリズムは、ホーリネス教会の積極的な海外伝道にも結びついている。朝鮮、中国東北部（満州）、南洋へと日本の植民地支配の拡大に伴い、ホーリネス教会は海外伝道を進出させていった。特に一九三一年の満州事変以後の満州の植民地支配に伴い、中田は「満蒙に進出せよ」と檄を飛ばし、日本の満蒙進出と植民地拡大を伝道の好機ととらえる彼の姿勢が明確に見られるのである。これについて、『ホーリネス信仰の形成――日本ホーリネス教団史　第一巻』は、次のように指摘している。

「日本が占領した殖民地に対して積極的な伝道を進めていった大きな要因の一つとして、中田が持っていた国粋主義的な志向があったものと思われる。[*7]」

しかしこうした愛国主義や国粋主義は、中田に限ったものではなく、戦前、特に幕末・明治期生まれのキリスト者に程度の差こそあれ、共通するものであった。特に恩師として、中田の生涯に大きな感化を与えた本多庸一も、熱烈な愛国主義者であったことはよく知られている。本多は津軽藩の出身であり、彼の家は年三百石の上級藩士であった。現在も弘前市内にある彼の出身教会である日本キリスト教団弘前教会の会堂の前に、高さ三メートルに及ぶ巨大な彼の石碑がある。そこには、「東奥に生まれし日本の国士、日本に出でし霊界の巨人」の二行の文字が刻まれている。『広辞苑第七版』によれば、「国士」とは、①「一国中のすぐれた人物」であり、「一身をかえりみず、国家のことを心配して行動する人物」とある。[*8]まさに本多はそのような人物であった。

青山学院編集発行の『本多庸一』においては、本多自身も含めて当時の日本人、特に士族出身者のナショナリズムについて、次のように記している。

「当時の日本人――明治のひとびととは、一般に国家と天皇とに対する素朴な忠誠心（それは現実の権力政治の無批判的肯定という危険をともなってはいたが）を抱いていたし、とくに当時のキリスト教界の指導者層はその多くが士族の出身であり、ナショナリスティックな傾向の素地をもっていた。『腹の中から帯刀して生まれたる身に候《そうろう》』と語っている本多のナショナリズムは、その典型ともいうべき士族階級の意識を示していた。[*9]」

こうした愛国主義に基づき、本多は日清戦争、日露戦争を義戦として熱烈に支持し、戦地慰問団を結成し、先頭に立って全面的に支援したのであった。特に第一部で紹介したように、日露戦争の慰問においては、当時の桂首相から国の機密費を託されて宣撫工作を依頼され、渋る中田を説得して説き伏せているほどである。[*10]

このような愛国主義は、不敬事件を起こした内村鑑三にも見られるものである。内村は、一八九一年一月の第一高等中学校において、教育勅語の親書に対し、信仰的信念に基づき、最敬礼をしなかった。その結果、国賊・不敬漢との非難を激しく浴び、退職を余儀なくされた。しかし彼自身は、基本的に日本を愛し、皇室を尊崇する愛国者であった。

不敬事件の二年前の一八八九年、内村は出講していた東洋英和学校の天長節および立太子式を祝う祝会で次のような講演をしている。

「諸生よ、窓を排して西天に聳《そび》ゆる富嶽《ふがく》を見よ。是れ亦《また》天の特に我国に与へたる絶佳の風景なり。されど諸生よ記せよ、日本に於て世界に卓絶したる最も大なる不思議は実に我皇室なり。天壌と共に窮《きはま》りなき我皇室は実に日本人民が唯一の誇《ほこり》とすべきものなりと。[*11]」

このように、富嶽すなわち富士山と、皇室すなわち天皇を、日本が世界に誇るべきものとして数えている。彼がその生涯において、二つの「J」すなわち、「Jesus」と「Japan」をこよなく愛し、両者に自らの人生をささげたことはよく知られている。

こうした愛国主義は、明治人のキリスト者、とりわけ士族出身者に共通した傾向であり、当然ながら中田においても例外ではなかったのである。

明治維新における国家形成において、明治政府の指導者たちは、国民を束ねていくための精神的支柱を必要としていた。欧米諸国の場合は、キリスト教が国家と国民をまとめる宗教となっていた。それに対して、明治政府の指導者たちが、いわば「国家の機軸」とも謂うべき、日本の精神的支柱として持ち出したのが天皇制であり、それと結びつく国家神道であった。

『日本の近代とは何であったか――問題史的考察』において、三谷太一郎は次のように指摘している。

「伊藤（博文）によれば、我国にあっては宗教なるものの力が微弱であって、一つとして『国家の機軸』たるべきものがなかったのです。そこで伊藤は『我国にあって機軸とすべきは独り皇室のみ』との断案を下します。『神』の不在が天皇の神格化をもたらしたのです。[*12]」

さらに、こう指摘する。

「こうしてヨーロッパにおけるキリスト教の『機能的等価物』としての天皇制は、当然にヨーロッパにおける君主制（特に教会から分離された立憲君主制）以上の過重な負担を負わされることになります。[*13]」

天皇制を支える論理は、同質なものは受け入れて取り込み、異質なものは徹底して排除していくという「受容と排除」の論理と言える。明治憲法と教育勅語に代表されるように、国民は天皇の臣民として忠誠と服従を求められた。そしてアイヌ民族や沖縄県民に対しては、徹底した皇民化政策がなされていった。『天皇と日本文化』（村上重良著）によれば、この天皇制における身分差別が次のように指摘されている。

「近代天皇制のたてまえは、いわゆる一君万民である。つまり天皇は一視同仁で、平等に臣民を視ており何の区別も差別もないというたてまえであった。しかし現実には、近代天皇制社会は極度の身分差別社会であった。譬喩《ひゆ》的に言うならば、天皇からの距離が近い者ほど身分が高く、遠い者ほど身分が賤しいとする構造がその基本にあった。[*14]」

そうした近代天皇制社会の中で、キリスト教徒は日本社会では圧倒的な少数者であり、欧米の色彩を帯びた異質な存在として、絶えず白眼視されてきた。それゆえ、教会の側では絶えず、何とかして日本の社会で市民権を得ようという志向が当然ながら働いてきた。それが特に顕著に見られたのが、一九一二年の三教会同と呼ばれる会合であった。

一九一二（明治四五）年、時の内務大臣原敬は神道・仏教・キリスト教の代表者を招き、国民道徳の振興について宗教界の協力を求め、食事を共にして歓談した。この会合に出席した宗教界の代表たちは、「我等は各其教義を発揮し、皇運を扶翼《ふよく》し、国民道徳の振興を図らんことを期す」と決議した。多くのキリスト者は、これでキリスト教も神道や仏教と対等なものとして政府から認められたと大歓迎した。しかし、内村鑑三や柏木義円が懸念したように、この三教会同は、キリスト教が天皇制国家主義に順応し、国家体制に組み込まれていくその第一歩とも言うべきものであった。[*15]

こうした国家体制や天皇制に対する服従や迎合は、一九三〇年代に入り、戦時色が色濃くなっていくなかで、いっそう顕著になっていく。そのたどり着くところが、国家の圧力に屈服し、国策への迎合とも言うべき日本基督教団の設立であり、その最高指導者の富田満統理の伊勢神宮参拝であった。

富田は戦前において、保守的な改革派神学の立場に立つ神戸神学校で学び、渡米してプリンストン神学校で学んだ人物である。戦前の最大教派の日本基督教会の大会議長、日本基督教団の初代統理を務めた、日本のプロテスタント教会を代表する人物である。その彼が、一九三六年に理事を務めていた明治学院で、学生に「日本精神と基督教」と題する次のような講演を行っている。

「日本精神と基督教の真髄は共に神の観念に発してゐる。即ち日本精神はその根本に遡るならば、日本書紀の中に神を本体として忠君愛国の主義を基として居る。又基督教に於ても聖書の巻頭に『元始《はじめ》に神天地を創造《つくり》たまへり』とあり、人格的神中心の宇宙観に発し、無言の裡《うち》に相通ずるものがある。斯《かか》るが故に諸君はその根本に立ち返り、両者の真義を把握して、日本精神即ち精神国日本建設の為に基督教徒として充分に貢献すべきである。[*16]」

この発言においては、キリスト教徒の立場からすれば当然ながら重大な問題が存在する。富田は、天皇を現人神《あらひとがみ》とし、忠君愛国を根本とする日本精神とキリスト教の神概念がその真の意味において相通じるものであると主張する。それゆえにキリスト教徒も、この日本精神に基づく日本建設、すなわち国策に忠誠を尽くすべきことを強調している。

しかし、唯一の絶対神信仰に立つべきキリスト教と、天皇への忠誠と国家神道に代表される日本精神とは、本来相いれないものであり、そこには葛藤や対立が当然存在するはずである。こうした富田の発言は、時局に合わせた方便のようなものか、本心として語っているのか、確かめる術はない。とにかくこうした論理のもと、富田は神社参拝もキリスト教会が国民儀礼として推進すべく、その先頭に立って行っている。そして韓国に乗り込んだときは、韓国の長老教会の牧師たちに対して、神社参拝を国民儀礼として受け入れるように強要している。

いずれにしても、天皇制に代表される日本精神と聖書に教えられるキリスト教精神を共存させる主張は、当時のキリスト者の間にほぼ共通して見られるものであり、中田も例外ではなかったのである。

土肥昭夫は『日本プロテスタント・キリスト教史』において、ホーリネス教会と中田について、次のように鋭く指摘している。

「この教会は中田を神学上、教会政治上の統率者として結合されたピラミッド的集団であった。ところで中田において純福音という教理と日本主義、皇道主義が無邪気に共存していた。そのためファシズム的状況の進展にともなって日本主義に基づく教理のイデオロギー化が起こった。聖書学院の教授たちはこれを批判したので、中田は自分の力でそれを封じようとした。[*17]」

その結果が分裂に至った、と土肥は指摘する。

分離後、中田の愛国主義、皇道主義はいっそう激しくなっていった。一九三五（昭和一〇）年一月には、YMCA会館で「日本的基督教」の座談会が開かれ、中田は出席している。中田の傾向からすれば当然な行動と言えよう。なお「日本的基督教」については、拙著『日本キリスト教宣教史』を参照していただきたい。[*18]

一九三七（昭和一二）年に入り、盧溝橋《ろこうきょう》事件の勃発により、日中戦争が始まり、日本は本格的な戦争体制に突入していった。『中田重治傳』によれば、そうした時局に伴い、中田の説教や論説はさらに国家主義的、愛国主義的方向に傾いていった。題名も、「殉国と殉教」、「皇軍全勝のため」、「聖戦の時来れり」、「国民精神運動」、「国民精神総動員とリバイバル」、「我が教会の出征兵士に告ぐ」といったものである。戦局に伴い、「皇軍大勝、きよめ教会」と記した提灯行列をすることや、この年の一一月三日には宮城遥拝と祈禱会を開くことを本部通達している。[*19]

この年に聖書学院でもたれた全国きよめ大会で、きよめ教会の会則や綱領が決められ、発表された。注目すべきは、その二と三である。

「一、我等ハきよめ教会員ナリ、きよめ教会ハ中田監督ガ福音ニヨリテ創始セル基督教ニシテ、日本精神ニ立脚シ、各自職分ヲ尽クシ、国策ニ順応、国運ノ進展ヲ期ス

一、我等ハきよめ教会員ナリ、監督ノ指導ヲ奉ジ、一致団結福音ノ宣伝ニ当リ、我ガ日本ノ国是タル八《はっ》紘一宇《こういちう》ノ達成、即チ神国ノ実現ヲ祈ル」[*20]

このように、きよめ教会は中田の信仰理解を全面的にその群れの綱領とし、「日本精神に立脚し」、「国策に順応」することを謳っている。そして当時しきりに強調された「八紘一宇」の国是に順応することを宣言

した。ここでは、八紘一宇の達成が、神国の実現と同一視されているのである。

こうして、中田において、終始一貫愛国心と皇道主義はその福音信仰と矛盾することなく、働いていた。このことが、一九三〇年代の戦時体制化に向かうなかで、すでに触れた日猶同祖論やディスペンセーション主義的終末論と結びつき、分離に至る暴走に繋がったと言える。

2　中田監督の一元的統率

天皇制を支えるものとして、天皇を頂点とするピラミッド型のタテ社会を構成する日本人の精神構造がある。昔から日本に伝わることわざや格言には、上（すなわち、おかみ）に対して服従し、自己主張を戒め、大勢に従うことを求めるものが多い。たとえば、「泣く子と地頭（地域の権力者）には勝てぬ」、「長いものには巻かれろ」、「寄らば大樹の陰」、「出る杭は打たれる」、「沈黙は金、雄弁は銀」等々である。一九三〇年代、日本が満州事変を契機に軍国主義体制に突き進んでいったときに流行った言葉が、「バスに乗り遅れるな」であった。

第一部でも触れたが、聖教団事件を経て、ホーリネス教会が組織化されていくなかで、監督となった中田の一元的支配がどんどん進んでいった。『ホーリネス信仰の形成——日本ホーリネス教団史　第一巻』は、そうした状況について次のように指摘している。


「一九一七（大六）年一〇月三一日に東洋宣教会ホーリネス教会が設立され、中田重治がその監督に就任した。東洋宣教会のカウマンやキルボルンらと分かれ、新しく設立されたホーリネス教会の監督に就くことによって、中田は名実ともにホーリネス教会の最高権力者となり、一九三三（昭八）年にホーリネス教会が二つに分かれるまで、中田は監督としてその権力を振るったのである。[*21]」

中田自身も、自らこうした傾向を強めていった。彼は一九二七（昭和二）年の年会における教役者の任命の前に、次のように訓示している。

「聖潔派の人々はよく主の導きといふ事を口にする。これは結構な事である。しかし団体の方針をも弁《わきま》へず、任命にも従はず、ただ導かるるまま行動せられては、一致したる運動が出来るものではない。もし監督の下にあるなれば監督の命のままに動くべきである。もし其が嫌ならば、自分勝手に所謂《いわゆる》導かるるままに単独でやる方がよいのである。また教会や信者箇々も団体といふものに属ずに居るがよい。[*22]」

このように監督の下にあるならば、監督の意のままに動くべきであり、それができないならば群れを去るべきであるとまで主張しているのである。そしてその独裁的権力は、二つのリバイバルを経て、いよいよ強化されていった。こうした現状について、『ホーリネス信仰の形成――日本ホーリネス教団史　第一巻』は、「当時のホーリネス教会においては、中田に従うことは神に従うことと同じように理解されていたということであろう」と指摘している。[*23]

このことについて、さらに同書は自らを戒めるように、こう述べている。

「しかし、中田のこの独裁的な傾向の責任を中田重治ひとりだけに負わせることはできないであろう。

なぜなら、ホーリネス教会のそのほかの福音使や信徒たちが、中田が独裁的になっていくのを許しただけでなく、多くの者たちがそれを助長し、あるいは歓迎さえしているからである。[*24]」

『中田重治傳』によれば、一九三二年の第三回総会において、ホーリネス教会創立記念日を、ルーテル教会の創立記念日の一〇月三〇日〔筆者注＝実際は三一日〕から、中田の誕生日である一〇月二七日に変更すべしとの小原十三司の提案を受け入れている。[*25] しかもこの提案者が、その後中田と袂を分かつ小原であることも興味深いことである。

このことについて、『ホーリネス信仰の形成――日本ホーリネス教団史　第一巻』はこう指摘している。

「この第三回総会で中田の『独裁体制』はホーリネス教会全体によって是認され、確立されたのであり、その点では、中田の行動を抑制できなかった第三回総会にも、その後に起こることとなる分離事件の責任の一端は及ぶといわざるを得ない。[*26]」

さて、こうした中田の独裁的統率について、古典的な著作として知られる有名な『タテ社会の人間関係』（中根千枝著、講談社）をもとに論じてみたい。中根によれば、ピラミッド型の日本的集団においては、「リーダーは一人に限られ、交替が困難である。リーダーは常に一人に限られるということである。この構造では、二人以上のものは決して同列、あるいは同位置に立てないのである」とされる。[*27] 東洋宣教会やホーリネス教会の歴史において、当初中田と協力し、ブレーキ役にもなり得たカウマン夫妻やキルボルン、笹尾鐵三郎などが、聖教団事件や東洋宣教会とホーリネス教会の独立などを経て別の道を選び、中田一人が他に交替困難なリーダーとなり続けたと言える。

そして中根は、このようなピラミッド型の日本的集団の長所は、「リーダーから末端成員までの伝達が、非常に迅速に行われるということ、そして動員力に富んでいること」である。「また『タテ』を結ぶ個々の人間関係が直接的でエモーショナルな要素が強いので、理想的に機能した場合のエネルギーの結集力、動員力」は大きなものであり、「そこに機能集団としての強さがある」と指摘する。[*28]確かに自ら「ラッパ卒」と呼称した中田の号令一下、伝道や再臨運動、リバイバル運動に邁進するホーリネス教会の推進力はほかの教会に類を見ないものである。金森通倫がホーリネス教会入りを決めた動機が、まさにその中田監督の下での絶大な動員力であった。

中根は、こうしたタテ社会の頂点に立っているリーダーが、「強いてリーダーシップを発揮しようとすると、たいていの場合、強権発動の形をとる。『ワンマン』と呼ばれるリーダーをはじめ、戦前の多くのリーダーのとった方法である。ここにえてしてみられるのが、リーダーの独断的な決定、権力の不当な行使である」と語る。[*29]

中田の場合、そうしたリーダーシップの発動が総会や機関誌を通しての監督訓示であり、最終的な強権発動が、一九三三年秋の聖書学院の教授たちに対する書簡での要求であった。

聖書信仰、特に「四重の福音」というホーリネス信仰によって結ばれたはずの信仰集団であったが、その組織構造においては、きわめて日本的なタテ社会であり、中田というカリスマ的なリーダーのもとでの日本的集団であった。そこには、リーダーと組織の成員との間の信頼関係やバランスが崩れると、破局や分裂に至る危険性を常にはらんでいたといえる。

中根は、どんなに結束が固い集団であっても、突然のリーダーの死などは、大きな衝撃をもたらし、一種の「お家騒動」のような事態をもたらしかねないと指摘する。[*30] このことは、中田が亡くなった後のきよめ教会の分裂の要因に結びつくと考えることができよう。

今まで指摘してきたことは、今日のキリスト教会でも起こりうることであり、特に急成長した群れのリーダーや単立教会の指導者に起こる場合がある。また個々の教会においても、牧師が信徒に対して権力をふるい、ときとしてパワハラ、セクハラ問題をも引き起こしかねない。信仰集団を構成するすべての成員に自覚が必要であるが、特にリーダーにおいては、謙遜さと強い自己抑制が求められる。

巡回伝道者として広く活躍し、多くの教会を見てきて、支配的牧師の振る舞いに悩む信徒の相談を受けてきた福沢満雄は、『総動員伝道』という機関紙で、支配的牧師について次のように指摘している。

「牧師の言葉、予言、異言の解き明かしは、聖書と同じ権威をを持っているかのように説教する。牧師はキリストの代弁者としての権限を与えられているので、その言葉、判断、支持は絶対性がある。牧師の意見に反対意見を述べたり反発したり、従わない者は、サタンの支配下にある者とされ、サタン呼ばわりされて一方的に除名される。[*31]」

そして最後に、「牧師は教会の頭ではありません。頭はキリストです」と締めくくっている。

長年、中田監督のもとにあり、分離の際は中田と袂を分かち、日本聖教会に属した池田政一が、「私の見聞した分裂のいきさつ」と題する文章の中で、分裂に至らしめた中田の問題点について、次のように注目すべき指摘をしている。

「それにしても、人格志向よりも業を重視する信仰主義傾向に盲点があったのではなかろうか。このような観点から、マルティン・ルターの人間観、原罪観の深さには、襟を正される思いがする。すなわち、『人間は霊的生活の中にも自己追求の衝動にかられている』と、それゆえプロテスタントの真髄は、他者に対してノー（否）というのみならず、自己追求の衝動に対しても、ノーとプロテスト（抗議）するところに、信仰の真実性があるのではなかろうか。[*32]」

今日においても、すべての信者はもちろんのこと、特に指導者的立場の者が心に刻むべき言葉である。最後に指摘したいことは、牧師や信徒に限らず、すべてのキリスト者の目指すべきゴールは、成功や自己実現ではなく、その言葉と人格においてイエス・キリストに似た者となることである。これこそ私たちの生涯かけての目標である。それはピリピ人への手紙二章三～一一節に語られているように、謙遜でへりくだり、しもべとして仕える生涯である。そしてキリストの御霊の実を豊かに結ぶ生涯である。最後に、ガラテヤ人への手紙五章二二～二三節を締めくくりの言葉としたい。

「しかし、御霊の実は、愛、喜び、平安、寛容、親切、善意、誠実、柔和、自制です。このようなものに反対する律法はありません。」

注

1　米田勇編『中田重治全集　第六巻』中田重治全集刊行会、二二〇頁
2　『中田重治全集　第二巻』二三三～二三四頁

3　同書、二三五頁
4　米田勇『中田重治傳』中田重治伝刊行会、一九五九年、四五七頁
5　日本ホーリネス教団歴史編纂委員会編『ホーリネス信仰の形成――日本ホーリネス教団史　第一巻』日本ホーリネス教団、二〇一〇年、五九五〜五九六頁
6　上中栄「十五年戦争期のホーリネスと天皇制」、富坂キリスト教センター編『十五年戦争期の天皇制とキリスト教』新教出版社、二〇〇七年、四一五頁
7　『ホーリネス信仰の形成――日本ホーリネス教団史　第一巻』四三九頁
8　新村出編『広辞苑　第七版』岩波書店、二〇一八年、一〇三〇頁
9　青山学院編集『本多庸一』青山学院、一九六八年、二二七頁
10　本書五二―五三頁参照
11　山路愛山『基督教評論・日本人民史』岩波書店、一九六六年、一〇一頁
12　三谷太一郎『日本の近代とは何であったか――問題史的考察』岩波書店、二〇一七年、二一六頁
13　同書、二一七頁
14　村上重良『天皇と日本文化』講談社、一九八六年、二〇八頁
15　中村敏『日本キリスト教宣教史』いのちのことば社、二〇〇九年、一九四〜一九五頁
16　久保義三『昭和教育史　上　戦前・戦時下編』三一書房、一九九四年、二一六頁
17　土肥昭夫『日本プロテスタント・キリスト教史』新教出版社、一九八〇年、三四〇頁
18　『日本キリスト教宣教史』二三七〜二四一頁
19　『中田重治傳』五〇九〜五一〇頁
20　同書、五一九頁
21　『ホーリネス信仰の形成』四八五頁

22 『きよめの友』第一〇五三号、一九二七年四月七日、一頁
23 『ホーリネス信仰の形成――日本ホーリネス教団史　第一巻』四九一頁
24 同頁
25 『中田重治傳』四四五頁
26 『ホーリネス信仰の形成――日本ホーリネス教団史　第一巻』六〇三頁
27 中根千枝『タテ社会の人間関係』講談社、一九六七年、一二二頁
28 同書、一二八〜一二九頁
29 同書、一四三頁
30 同書、一二三頁
31 福沢満雄「支配的牧師に対する警告」、『総動員伝道』三六五号、総動員伝道委員会、二〇〇一年七月一日
32 ホーリネス・バンド昭和キリスト教弾圧史刊行会編『ホーリネス・バンドの軌跡――リバイバルとキリスト教弾圧』新教出版社、一九八三年、一一二頁

年表

一八四六（弘化三）年　イギリス海軍琉球伝道会のB・ベッテルハイム、那覇に上陸
一八五三（嘉永六）年　アメリカのM・C・ペリー提督、浦賀に来航
一八五四（安政一）年　日米和親条約締結。これ以降イギリス、ロシア、オランダ等と条約を締結
一八五八（安政五）年　日米修好通商条約調印、
これによりアメリカ人が居留地内で教会堂の建設と礼拝をすることが認められた
一八五九（安政六）年　アメリカからJ・C・ヘボン、S・R・ブラウンらプロテスタント宣教師たちが来日
一八六一年　アメリカで南北戦争勃発（〜一八六五年）
一八六五年　E・A・キルボルン、カナダのオンタリオ州に誕生
一八六七年　C・E・カウマン、アメリカのイリノイ州に誕生
一八六八（明治元）年　明治新政府誕生
明治政府、切支丹禁制の高札を全国に掲示
笹尾鐵三郎、三重県の津市に誕生
一八七〇（明治三）年　中田重治、弘前に誕生（父兵作、母千代）
レティ・バード（後のカウマン夫人）、アメリカのアイオワ州に誕生

一八七二（明治五）年　横浜に日本最初のプロテスタント教会日本基督公会誕生
本多庸一ら、J・H・バラから受洗
東奥義塾創立
一八七三（明治六）年　キリシタン禁制の高札撤去
一八七五（明治八）年　弘前公会設立（初代牧師・本多庸一）
一八七六（明治九）年　中田重治、東奥義塾初等科入学
一八七八（明治一一）年　耕教学舎（後の青山学院）開校
内村鑑三、新渡戸稲造ら、M・C・ハリスから受洗
一八八〇（明治一三）年　元訳新約聖書完成
一八八三（明治一六）年　横浜の初週祈禱会からリバイバルが起きる
一八八七（明治二〇）年　中田重治、弘前教会でドレーパー宣教師により受洗
元訳旧約聖書完成
一八八八（明治二一）年　中田重治、上京し、東京英和学校神学部邦語科入学
一八八九（明治二二）年　大日本帝国憲法発布
文部大臣森有礼、キリスト教徒とみなされ、暗殺される
一八九〇（明治二三）年　教育ニ関スル勅語が渙発される
B・F・バックストン来日
一八九一（明治二四）年　中田重治、東京英和学校を中途退学
内村鑑三による不敬事件起きる

一八九二（明治二五）年　金森通倫『日本現今及ビ将来ノ基督教』を出版し、自由主義神学に転向
一八九三（明治二六）年　中田重治、美以教会の仮免状を受け、北海道の八雲、小樽で伝道
中田重治、エトロフ島で伝道
井上哲次郎『教育ト宗教ノ衝突』発表
一八九四（明治二七）年　中田重治、美以教会より按手礼を受ける
中田重治、小館かつ子と結婚
日清戦争始まる
一八九五（明治二八）年　長男左内誕生、直後、風土病で召天
かつ子も風土病に罹り、弘前で休養後、秋田県大館に転任
一八九六（明治二九）年　中田重治渡米し、シカゴのムーディ聖書学院の短期コースで学ぶ。
在学中に聖霊体験をする。カウマン夫妻と出会う
一八九八（明治三一）年　中田重治、帰国。しばらく美以教会の巡回伝道者
一八九九（明治三二）年　中田重治『焔の舌』創刊
中田重治、松江にバックストンを訪ね、笹尾鐵三郎と会う
一九〇一（明治三四）年　中田重治、カウマン夫妻と共に東京・神田で中央福音伝道館設立、聖書学校も開始
笹尾鐵三郎、中央福音伝道館の働きに加わる
二十世紀大挙伝道開始
一九〇三（明治三五）年　キルボルン、宇都宮で伝道開始
一九〇四（明治三七）年　日露戦争開始、本多庸一、中田重治軍隊慰問伝道

一九〇五（明治三八）年　福音伝道館と聖書学院が柏木に移転
東洋宣教会設立
聖書的純福音宣伝大会開催
日露講和条約調印、日比谷焼き討ち事件起きる
一九〇七（明治四〇）年　東洋宣教会、韓国の京城に伝道館開設
一九一〇（明治四三）年　日韓併合
一九一一（明治四四）年　中田かつ子召天、中田重治は今井あやめと再婚
聖教団事件起きる
一九一二（大正元年）年　東洋宣教会、全国トラクト配布伝道開始（〜一九一八年）
笹尾鐵三郎、聖書学院長辞任
一九一四（大正三）年　全国協同伝道開始
第一次世界大戦始まる（〜一九一八年）
笹尾鐵三郎召天
一九一七（大正六）年　東洋宣教会・ホーリネス教会設立
中田重治、監督に就任
中田重治、ブラックストーン著『耶蘇は来る』を翻訳出版
改訳新約聖書刊行（文語訳聖書）
一九一八（大正七）年　内村鑑三、中田重治、木村清松ら再臨運動を開始（〜一九年）
『焰の舌』を『聖潔之友』と改題

一九一九（大正八）年　ホーリネス教会のリバイバル起きる
一九二三（大正一二）年　中田羽後編『リバイバル聖歌』刊行
四月、日本宣教会がアメリカで設立される
九月、関東大震災が起きる
一九二四（大正一三）年　C・E・カウマン、アメリカで召天、E・A・キルボルンが東洋宣教会の二代目総理に就任
一九二五（大正一四）年　四月、ホーリネス教会より物部赴夫がブラジルに派遣される
治安維持法公布
一九二七（昭和二）年　中田重治、宗教法案反対を表明
金森通倫を迎え、百万救霊運動開始
一九二八（昭和三）年　ホーリネス教会、全国自給宣言、教会を祈りの家と改称
『新契約聖書』（永井訳）出版
治安維持法改定、全県警察本部に特別高等警察を設置
一九二九（昭和四）年　小谷部全一郎、『日本及日本国民之起源』出版
アメリカのウォール街で株式市場大暴落
世界大恐慌始まる
一九三〇（昭和五）年　神の国運動始まる（〜一九三四年）
五月、聖書学院からリバイバル始まる
一九三一（昭和六）年　九月、満州事変勃発（柳条湖の満鉄線路爆破事件）

一九三二（昭和五）年　中田重治、「聖書より見たる日本」を連続講演（翌年出版）
満州国建国宣言
五・一五事件起きる
一九三三（昭和八）年　日本聖書信仰連盟設立（理事長・中田重治）
九月、中田重治、聖書学院の五教授宛に書簡を送付
一〇月、ホーリネス教会臨時総会開催され、
中田監督解任（ホーリネス教会分離問題の始まり）
日本、国際連盟脱退
一九三六（昭和一一）年　監督派と委員派の間に和協分離が成立
監督派は「きよめ教会」、委員派は「日本聖教会」を名乗る
二・二六事件起きる
一九三七（昭和一二）年　日中事変勃発（中国の北京郊外における盧溝橋《ろこうきょう》事件により日中間の全面戦争に突入）
文部省編『国体の本義』全国に配布
一九三八（昭和一三）年　国家総動員法公布
一九三九（昭和一四）年　九月一四日、中田あやめ召天
二四日、中田重治召天
宗教団体法成立
一九四〇（昭和一五）年　大政翼賛会発足
日独伊三国同盟調印

一九四一（昭和一六）年

皇紀二千六百年奉祝全国基督教信徒大会が開催され、合同を宣言

治安維持法改定公布（新治安維持法）

六月、日本基督教団設立（冨田満統理）、日本聖教会は六部、きよめ教会は九部として加入

一二月八日、太平洋戦争開始

一九四二（昭和一七）年

一月、日本基督教団統理冨田満が伊勢神宮参拝

六月二六日、ホーリネス系教職の治安維持法違反の嫌疑による第一次検挙

（翌年四月第二次検挙）

一九四三（昭和一八）年

日本基督教団第一回総会開催、部制廃止

日本基督教団、戦時報国会を結成

旧ホーリネス系教会に解散命令

一九四四（昭和一九）年

日本基督教団、「日本基督教団より大東亜共栄圏に在る基督教徒に送る書翰」作成

東京刑事部地裁で車田秋次と米田豊に懲役二年、ほかの一一名に執行猶予付きの有罪判決、直ちに控訴

一九四五（昭和二〇）年

八月一五日、天皇の詔勅《しょうちょく》により敗戦

【戦後編】

一九四五（昭和二〇）年

八月三〇日、GHQのマッカーサー元帥、厚木に到着

一〇月、GHQの指令により治安維持法等の治安立法、各種取締法廃止、政治犯・思

想犯釈放

一九四六（昭和二一）年　一二月、宗教法人令発令
一月、天皇、人間宣言発表
二月、イムマヌエル綜合伝道団設立
基督兄弟団設立
一一月、日本国憲法公布（一九四七年五月三日施行）
東洋宣教会きよめ教会設立

一九四九（昭和二四）年　六月、日本ホーリネス教団設立

一九五〇（昭和二五）年　朝鮮戦争勃発（〜一九五三年）

一九五一（昭和二六）年　サンフランシスコ講和条約調印
日本福音連盟結成

一九五二（昭和二七）年　日本福音教団設立

一九五四（昭和二九）年　自衛隊発足

一九五五（昭和三〇）年　口語訳聖書完成（日本聖書協会）

一九五八（昭和三三）年　基督聖協団設立

一九六〇（昭和三五）年　日米新安保条約調印
学生や労働組合、市民の反対運動激化

一九六一（昭和三六）年　『荒野の泉』（カウマン夫人著）発行

一九六七（昭和四二）年　日本基督教団、総会議長名で「第二次大戦下における日本基督教団の責任についての

告白」を発表
一九六八（昭和四三）年　ビリー・グラハム国際大会開催
日本福音同盟（ＪＥＡ）結成
一九六九（昭和四四）年　日本聖泉基督教会連合設立
一九七〇（昭和四五）年　『聖書 新改訳』発行（日本聖書刊行会）
一九七一（昭和四六）年　日本福音教会連合設立
一九七二（昭和四七）年　『戦時下のキリスト教運動 全三巻』（新教出版社）刊行開始
沖縄返還
一九七四（昭和四九）年　第一回日本伝道会議開催（於京都）
「中田重治に学ぶ会」が発足
『中田重治全集 全七巻』刊行開始
一九七九（昭和五四）年　元号法公布施行
一九八〇（昭和五五）年　ビリー・グラハム国際大会開催
一九八二（昭和五七）年　第二回日本伝道会議開催（於京都）
一九八三（昭和五八）年　『ホーリネス・バンドの軌跡』（新教出版社）刊行
一九八四（昭和五九）年　日本基督教団、教団総会で旧六部、九部の教師及び家族、教会に対する謝罪を決議
一九八六（昭和六一）年　日本基督教団、第二四回総会で、「旧六部、九部の教師及び家族、教会に謝罪し悔い改めを表明する集会」を開催
一九八八（昭和六三）年　関東聖化交友会が発足

一九八九（昭和六四）年　昭和天皇死去
一九八九（平成元）年　キリスト教諸団体による大嘗祭、即位礼に対する反対声明相次ぐ
一九九一（平成三）年　第三回日本伝道会議（於塩原）
一九九二（平成四）年　ウェスレアン・ホーリネス教会連合設立（現ウェスレアン・ホーリネス教団）
一九九四（平成五）年　ビリー・グラハム東京国際大会開催
一九九五（平成六）年　阪神・淡路大震災
オウム真理教による地下鉄サリン事件
一九九六（平成八）年　日本リバイバル同盟発足
一九九七（平成九）年　基督兄弟団、「過去の罪責に対する悔い改めと将来への決意」を発表
日本ホーリネス教団、「日本ホーリネス教団の戦争責任に関する私たちの告白」発表
二〇〇〇（平成一二）年　第四回日本伝道会議（於沖縄）
日本ホーリネス教団と基督兄弟団が「協力同意書」に調印
二〇〇一（平成一三）年　中田重治宣教百周年記念大会開催
日本福音連盟『新聖歌』刊行
二〇〇九（平成二一）年　プロテスタント宣教一五〇周年記念
第五回日本伝道会議（於札幌）
二〇一一（平成二三）年　東日本大震災
二〇一六（平成二八）年　熊本地震
第六回日本伝道会議（於神戸）

二〇一七（平成二九）年　『聖書　新改訳２０１７』発行（新日本聖書刊行会）
二〇一八（平成三〇）年　『聖書協会共同訳　聖書』発行（日本聖書協会）

ま行

や行

ら行

わ行

さ行

た行

な行

は行

人 名 索 引

あとがき

私は昨年（二〇一八年）の六月、『分断と排除の時代を生きる――共謀罪成立後の日本、トランプ政権とアメリカの福音派』という本を、いのちのことば社から出版しました。その本をまとめながら、そこで取り組んでいることが、次第に中田重治の歩みやホーリネス教会の歴史と結びついてくることを強く感じるようになりました。そのことは、本書の第二部を読んでいただければわかってくることと思います。そこで、中田重治の全集や関連する文献を一生懸命読み始めました。

本書に関連する書物や資料を読み進めていくとき、もし二〇一九年に本書を出版できるなら、ちょうど大正のホーリネス教会から始まったリバイバルの一〇〇周年となる記念すべきものと重なることに気づかされました。そして本書の執筆のために具体的に動き始めたとき、ある超教派の団体から、二〇一九年秋にホーリネスのリバイバル一〇〇周年記念の講演を依頼され、不思議な主の導きを感じたことでした。

日本キリスト教史が私の専門であり、以前『日本における福音派の歴史』を出版しました。これまで中田重治やホーリネス教会の歴史については多少調べたことがありますが、あくまでも私は外部の者であり、それゆえの限界を感じています。ただ、大きな雲の外にいるほうが、かえって雲のかたちやその動きを、中にいる者よりも見える面もあると思います。そこに本書の多少の意義があろうかと思っています。

今回のリサーチにおいて、日本ホーリネス教団の東京聖書学院の図書館を何度も利用させていただき、多大の便宜を受けました。特に、学院長の錦織寛先生には非常にお世話になったことを感謝申し上げます。ある程度まとめた段階で、日本ホーリネス教団歴史編纂委員会の委員長である上中栄先生に校閲をしていただきました。思いがけず、上中先生のみならず他の委員の方々からも丁寧かつ厳しいチェックをしていただきました。このご協力がなければ、今回このような形で出版することはできませんでした。この場を借りて心から御礼申し上げます。

また基督兄弟団の宇都宮教会牧師河野博好牧師より貴重な資料をお借りし、励ましの言葉をたびたびいただいたことを心から感謝いたします。

日猶同祖論やディスペンセーション主義について調べながら、今日世界を動かすフェイク・ニュースやトランプ政権の対イスラエル政策という課題との結びつきがよくわかり、大きな驚きでした。

今回、中田重治の晩年をまとめながら、不思議な思いになりました。彼は一九三九年の九月に六十八歳十一か月で天に召されています。私はちょうどその十年後の一九四九年九月に生まれました。そして中田は一九三九年に数えで古希の祝いを迎えていますが、私はこの九月に古希を迎えようとしています。まさに彼の生涯とほぼ同じ年月を生きてきた者が、彼の伝記とその群れの歴史を記していることに、偶然とは言い難い不思議な導きを感じています。

リバイバルは、何よりも主が与えてくださるものです。同時に私たちキリスト者の切なる祈りの賜物でもあります。本書が、少子高齢化の荒波の中で、ともすれば内向きになりやすい日本の教会に、少しでも刺激と励ましになれば望外の喜びです。

今回もいのちのことば社の担当者の方々、特に長沢俊夫さんに多大の労を取っていただきました。私の著作はすべて長沢さんとの二人三脚の産物です。心から感謝をいたします。

二〇一九年八月六日の広島原爆投下の日、世界平和を願いつつ。

中村　敏

*聖書 新改訳2017©2017 新日本聖書刊行会

中田重治とその時代
——今日への継承・教訓・警告——

2019年10月1日 発行

著 者 中村 敏
印刷製本 シナノ印刷株式会社
発 行 いのちのことば社
〒164-0001 東京都中野区中野2-1-5
電話 03-5341-6922（編集）
03-5341-6920（営業）
FAX03-5341-6921
e-mail:support@wlpm.or.jp
http://www.wlpm.or.jp/

Printed in Japan © 中村 敏 2019
乱丁落丁はお取り替えします
ISBN978-4-264-04068-2